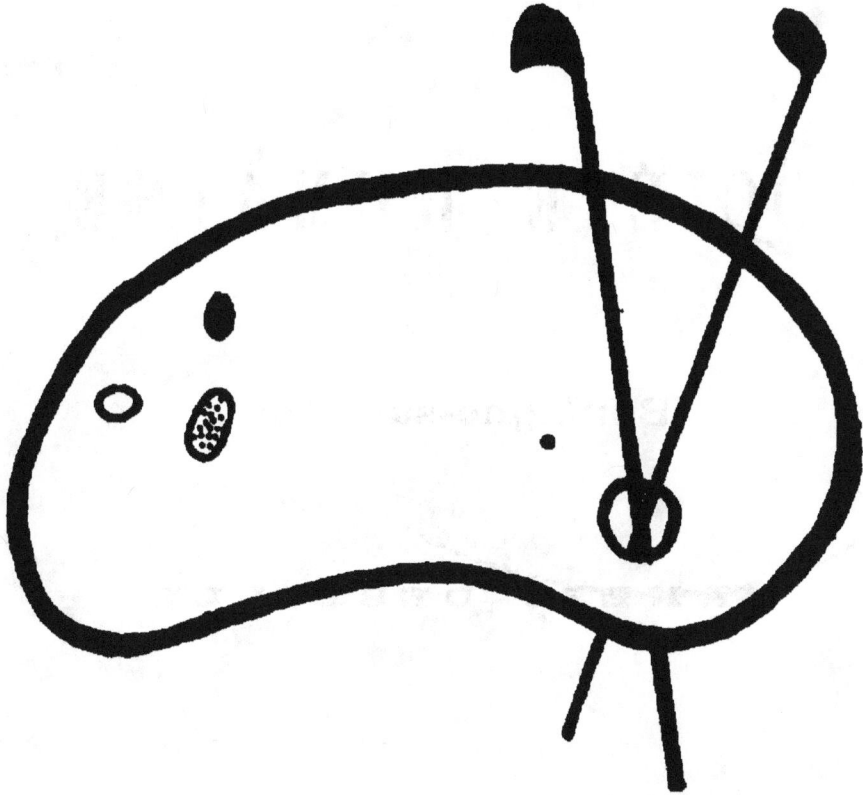

COUVERTURE SUPERIEURE ET INFERIEURE
EN COULEUR

HISTOIRE

DE LA

SOCIÉTÉ HUMAINE

DE

Boulogne-sur-Mer

PAR

ERNEST DESEILLE

BOULOGNE-SUR-MER.

IMPRIMERIE DE CH. AIGRE, 4, RUE DES VIEILLARDS

—

1876.

Société Humaine et des Naufrages

DE BOULOGNE-SUR-MER

———

SON HISTOIRE

ET SES ACTES

DEPUIS SA FONDATION EN 1825.

PAR

ERNEST DESEILLE

Secrétaire-Rédacteur du Comité de Direction.

BOULOGNE-SUR-MER.

IMP. DE CHARLES AIGRE, 4, RUE DES VIEILLARDS.

———

1876.

INTRODUCTION

*Homo sum! humani nihil
a te alienum puto.*

Cinquante années d'existence, près de quinze cents noyés sauvés et ranimés, voilà l'âge, voilà les œuvres de la Société Humaine et des Naufrages de Boulogne-sur-mer !

Son principe de vie et de stabilité, que le temps ne peut que fortifier, elle l'a puisé dans son utilité ; et, cette utilité, le chiffre des victimes arrachées à une affreuse mort la prouve suffisamment.

« Un établissement (1) qui présente des résultats aussi satisfaisants, qui donne un plus grand prix aux bains de mer de Boulogne déjà si renommés, ... devra-t-il tomber ?

» Concevoir une pareille crainte, ce serait méconnaître le caractère bienfaisant et généreux qui a toujours

_____

(1) Rapport de 1826.

distingué les habitants de cette ville ; ce serait faire injure au sentiment de patriotisme qui les attache à cette heureuse cité dont la prospérité toujours croissante les intéresse si vivement.

» Une pareille crainte offenserait surtout les Anglais qui viennent habiter Boulogne, car on les a toujours vus rivaliser de générosité avec ses habitants toutes les fois que la voix de l'humanité invoquait la bienfaisance publique. »

Utile, indispensable même, la Société Humaine ne peut subir les vicissitudes des institutions éphémères de la mode : on peut prédire qu'elle vivra tant que les vaisseaux sillonneront le détroit, aussi longtemps que Boulogne sera un port de mer et une station balnéaire.

En effet, ce n'est pas assez que les Boulonnais et leurs visiteurs trouvent sur nos plages le sable le plus doux et le plus fin, le confort des voitures-baignoires, les délices du Casino, il faut avant tout la sécurité dans l'immersion à la mer : cette sécurité, la première condition du succès, qui la garantit, si ce n'est la surveillance incessante, si ce n'est la présence sur le rivage d'un personnel habile, spécial et dévoué, si ce n'est enfin cette maison de secours élevée en face des flots, où l'on trouve réuni tout ce que recommande la science pour rappeler la vie prête à s'éteindre, tout ce qui peut raviver dans les noyés la dernière étincelle d'existence !

Essentielle à la ville de Boulogne, la Société Humaine ne tarda pas à prendre les développements que comportait la pensée de prévoyance philanthropique dont elle était sortie.

Quoique fondée spécialement pour protéger les baigneurs, dès qu'elle eût en sa possession, grâces à des libéralités de toute nature, le matériel qui lui était indispensable, elle ajouta à sa mission le noble soin de porter assistance aux naufragés.

Depuis cinquante années elle pourvoit sans relâche à toutes les exigences du sauvetage maritime ; depuis cinquante années l'initiative dévouée de son Comité-Directeur, avec le généreux concours des habitants, des résidents et des administrations locales, a développé, accru les services de secours : à l'heure actuelle, aucune ville ne possède une société mieux organisée et qui, mieux que la nôtre, puisse revendiquer l'honneur et le mérite d'avoir contribué davantage à la prospérité dont le témoignage éclate de toutes parts sous nos yeux.

Qu'il soit permis au modeste collaborateur des travaux de son Comité, à celui qui voit à l'œuvre sa sollicitude et son désintéressement, de prouver, par l'histoire fidèle des actes et des efforts de cette association, combien ceux qui l'ont dirigée ont mérité la reconnaissance du pays.

Boulogne-sur-mer, 1er *Avril* 1876.

DÉLIBÉRATION

DU

COMITÉ DE DIRECTION DE LA SOCIÉTÉ HUMAINE

Séance du 6 Avril 1876.

Présidence de M. LONQUÉTY Aîné.

Le Comité de Direction, après avoir entendu la lecture de l'HISTOIRE DE LA SOCIÉTÉ HUMAINE, *depuis sa fondation jusqu'à sa cinquantième année d'existence*, (1) décide, à l'unanimité, sur la proposition de son président, que ce travail, qui renferme des renseignements si nombreux et témoigne du zèle de son auteur, sera imprimé aux frais de l'association dont il établit, avec exactitude, les titres honorables et les actes humanitaires.

Pour extrait conforme.

Le Président,
LONQUÉTY Aîné.

(1) L'auteur, persuadé que, sur l'impression première des faits, les rédacteurs des rapports et documents où il a puisé les éléments de ses notes historiques, ont trouvé la note vraie qu'on affaiblirait en cherchant à l'exprimer autrement, s'est servi de nombreux passages de leurs écrits, se bornant à les coordonner et à faire un ensemble des excellentes parties qu'il y a rencontrées.

Il n'a pas voulu tenter une œuvre d'art, mais une œuvre d'exactitude.

HISTOIRE DE LA SOCIÉTÉ HUMAINE.

CHAPITRE PREMIER

ORIGINES.

La navigation est la plus belle conquête du génie de Dangers de la mer. l'homme, mais si on lui doit le commerce, source des relations de peuple à peuple, véhicule de civilisation et de progrès, au prix de combien de malheurs l'humanité acheta cet immense bienfait !

Sur la terre, l'homme trouve aide et protection autour de lui pour écarter les dangers qui viennent le menacer ; sur la mer, au contraire, ses ressources diminuent autant que se développent les périls. Ballotté comme un flocon d'écume à travers les solitudes grondantes, à peine a-t-il pour point d'appui les quelques planches qui le séparent de l'abîme. Tout, dans ces heures de crise, les lames, les vents, devient une menace de mort.

C'est surtout dans le voisinage de nos côtes, armées d'une ceinture de rochers, que tout accident menace de se changer en catastrophe.

Qui dira les sinistres dont notre littoral fut témoin avant la création de la Société Humaine ?

Hélas, et chose affreuse à dire, même au commence- Dangers des côtes. ment du siècle, les rivages étaient inhospitaliers pour ceux que la tempête y jetait. Un ministre de la marine a pu écrire aux Préfets, en 1818, que des plaintes circonstanciées, parvenues à son département, donnaient l'affligeante certitude que sur différents points de nos côtes de malheureux naufragés, loin de trouver des secours qu'ils avaient droit d'attendre d'un peuple chrétien, avaient vu consommer leur ruine par l'avidité de certains riverains.

Rendons à Boulogne cette justice que du moins elle n'eut pas à se reprocher de tels actes.

Sous l'ancien régime, l'Amirauté apportait à l'assistance des naufragés une sollicitude fort vive, quoique bornée aux moyens en usage depuis des siècles et rarement efficaces.

Si peu efficaces étaient-ils que, lorsque le dévouement de nos marins arrivait à sauver un équipage, c'était l'occasion d'une fête publique que la solennité qu'on apportait à les récompenser.

Dévouement de nos marins. Notre histoire locale a enregistré dans ses fastes le couronnement du capitaine Thueux et de ses compagnons : en décembre 1791, bravant l'impétuosité des vagues, ils arrachèrent à une mort certaine de malheureux matelots de Nieuport, ballottés dans un navire faisant eau de toutes parts et qui fut englouti quelques minutes après leur sauvetage.

On célébra cet héroïsme lors de la Fédération de 1792, en même temps que le courage de Jean-Marie Lebeau, de Guillaume et Jean-Baptiste Papin. Ceux-ci, en novembre 1791, ayant, dans un gros temps, aperçu les vagues engloutir et submerger, à la vue du port, une chaloupe qui allait porter du secours à un brick anglais en détresse, se jetèrent dans une petite barque et, par une manœuvre habile et hardie, eurent le bonheur de sauver deux de leurs camarades.

Ils n'avaient alors, ces intrépides sauveteurs, que la barque ordinaire, jouet du flot en furie ; souvent leurs tentatives augmentaient le nombre des victimes.

Il faut avoir, comme je l'ai fait, parcouru les registres de l'état-civil de Boulogne depuis trois siècles, avoir noté les mentions affligeantes rencontrées si souvent : tel jour ont péri dans un naufrage, 5, 6, 10, 12, 20 personnes ! pour se faire une idée de la rareté des sauvetages heureux, avant la fondation et l'organisation d'une institution protectrice des naufragés.

En présence des accidents fréquents, de ces drames déchirants, l'humanité a jeté sa plainte et des cœurs généreux se sont émus.

La première des sociétés de naufrage créées sur le continent fut fondée à Boulogne en 1825.

Par une autre raison encore, par suite d'une industrie spéciale à notre ville, on comprit l'urgence de la surveillance des plages.

La facilité que ces plages offrent à l'immersion en pleine mer a fait naître, il y a longtemps, la pensée de s'y plonger. On a la preuve qu'au XVII° siècle on prenait des bains à Boulogne : un acte mortuaire de la paroisse St-Joseph, du 17 juin 1686, révèle que « Georges La Ferté se noya le jour précédent, en se baignant dans la mer. »

Dangers des baigneurs.

A partir de 1782, il y a eu une sorte d'organisation de ces bains ; ils devinrent plus fréquents, et plus fréquents aussi les accidents.

Presque chaque année on déplorait la perte de plusieurs imprudents.

L'été de 1825 fut à ce point funeste que la pitié prit au cœur les amis de l'humanité ; ils fondèrent l'institution dont les actes vont être rappelés.

Avant 1825, date de la création de notre Société, *Boîtes fumigatoires.*

toute la prévoyance des administrations maritime et locale se bornait à entretenir dans un poste de douanes des boîtes, dites fumigatoires, adoptées depuis 1785 pour rappeler les asphyxiés à la vie.

Ces boîtes comprenaient une pipe avec tuyau pour injecter la fumée du tabac que contenait le fourneau, un autre tuyau s'y adaptait et servait à souffler dans la pipe ; l'appareil se terminait par une canule ; on soufflait dans l'instrument jusqu'à ce que le sujet eût donné des signes de vie.

Lettre des docteurs Roussel, Gorré et Flahaut, approbative de la création d'une Société Humaine.

» Quoique les médicaments et ustensiles contenus dans ces boîtes, écrivaient trois docteurs de Boulogne, le 16 janvier 1826, aient été quelquefois employés avec succès pour rappeler des noyés à la vie, ils sont cependant bien éloignés de remplir le but qu'on doit se proposer ; il faudrait pour cela une réunion de moyens qu'on n'a point, une surveillance qui ne peut être exercée que par des hommes qui y consacreraient tout leur temps, il faudrait non-seulement être en mesure de remédier aux accidents produits par une submersion plus ou moins prolongée dans la mer, mais encore de prévenir les accidents, en signalant le danger, et de secourir promptement ceux qui sont exposés à se noyer.

» Boulogne, plus que toute autre ville, doit fixer l'attention de l'administration sur le rapport du secours à porter aux noyés ; outre sa navigation ordinaire, plus de 150 bateaux pêcheurs sortent de son port et y rentrent chaque jour, dans les saisons de la pêche du hareng et du maquereau, et il ne se passe pas une seule année sans qu'il n'y ait plusieurs de ces bateaux qui fassent naufrage, (1) et sans qu'on ait à regretter la mort de plusieurs pères de

(1) On était encore sous l'impression du naufrage du chasse-marée, l'*Aimable-Rose*, arrivé en 1821.

famille, qu'il n'est pas possible avec les moyens actuels de retirer assez promptement de l'eau pour pouvoir les rappeler à la vie, dans le cas où ils seraient asphyxiés par submersion.

» Boulogne est, en outre, par sa position topographique, la beauté de son site, la facilité qu'offrent aux baigneurs une côte plate, sablonneuse, et le bel établissement des bains de mer de M. Versial, le rendez-vous d'une foule d'étrangers qui viennent y prendre les bains et auxquels on doit donner toutes les garanties de sûreté qu'il est possible d'offrir.

» Nous pensons que les moyens que se propose d'employer la Société Humaine pour secourir les noyés doivent remplir entièrement le but que l'on doit se proposer, qui consiste à prévenir les accidents en signalant aux baigneurs les endroits de la côte où il est dangereux de se baigner, à retirer le plus promptement possible de la mer les personnes qui seraient en danger de se noyer, à donner les secours les plus prompts aux individus asphyxiés par une immersion plus ou moins prolongée dans l'eau.

» Nous pensons que les moyens de sauvetage qui n'ont point encore été employés à Boulogne peuvent rendre les plus grands services à l'humanité et qu'ils méritent l'approbation et l'encouragement de l'administration publique. »

Certes, voilà une approbation très honorable, émanée de praticiens compétents, sur l'institution alors naissante et déjà si hautement recommandée.

L'idée première de l'association remonte au mois d'août 1825.

Fondation de la Société Humaine.

Un sermon, prêché dans la chapelle anglaise par le révérend M. A. Edge, le 11 septembre suivant, constate la préoccupation des amis de l'humanité.

Dès le 27 octobre de cette année, le journal l'*Annotateur* en parlait en ces termes :

« Le comité de la *Société Philanthropique de* » *Boulogne* a le plaisir de pouvoir mettre sous les yeux » du public le rapport satisfaisant qui lui a été remis » par la commission des médecins français et anglais de » cette ville, sur les réglements qu'ils proposent pour » atteindre le but de cette institution... »

Ce réglement pourrait se résumer par ces trois mots : prévenir, assister, guérir. (1)

Premier poste de secours concédé par le ministre de la guerre.
A cette même date, M. G. Gaullier, capitaine du génie en chef, écrivait au maire qu'il avait reçu de M. Symons, ministre de la chapelle anglaise de Boulogne, une pétition dans laquelle était demandée l'autorisation d'établir un appareil dans le corps de garde de *Machicoulis* et de faire en ce local toutes les dispositions convenables à l'établissement d'un poste de secours. L'autorisation fut accordée par décision ministérielle, le 30 novembre 1825, date qui peut, et selon nous, doit

(1) On lit dans ce document (qui ferait double emploi avec l'avis ci-dessus exprimé des trois docteurs) le détail suivant : « Les guides-nageurs auraient des vestes flottantes et des cordes de secours construites d'après le plan ingénieux du capitaine Manby : un canot plat et large fait comme ceux des Norwégiens et susceptible d'être transporté par un seul homme serait mis à leur disposition. »

Voici le matériel prévu : « Une fournière avec chaudron et robinet ; une baignoire ; un poêle pour chauffer du sable et du sel ; deux éponges et deux sacs à main, en laine, pour la friction ; une table de six pieds et demi de long sur trois pieds et demi de large, etc., etc. »

Dans la chambre, lit et literies, effets, bassinoire, seringue, et boîte à médicaments.

être adoptée comme la date de naissance officielle de l'institution, en ce sens que son existence, assurée par l'autorisation de se servir d'un local appartenant à l'Etat, était tacitement reconnue par le Gouvernement.

La société de Boulogne a devancé de huit années les associations qui l'ont prise pour modèle en France ; elle a suivi d'une année seulement la première société anglaise fondée dans les circonstances suivantes :

« Vers 1823 (1) de terribles naufrages avaient désolé les côtes de l'Angleterre. Dans l'île de Man vivait alors un baronet, Sir William Hillary, qui résolut de prévenir ou tout au moins d'atténuer les conséquences des désastres sur mer. Il n'était point riche. Sa fortune s'était dissipée dans les Indes occidentales et aussi dans l'Essex, où il avait équipé à ses frais des régiments volontaires de fermiers, lorsque le premier Napoléon menaçait d'envahir la Grande-Bretagne. A défaut d'argent, il avait de nobles aspirations et une ferme intelligence. Son généreux appel en faveur des marins naufragés trouva de l'écho dans le cœur d'un riche marchand de Londres, M. Thomas Wilson, membre du Parlement. Les plus riches négociants de la Cité entrèrent dans les vues de ce dernier, et déclarèrent qu'ils étaient prêts à ouvrir leur bourse. Lord Liverpool, premier ministre, encouragea M. Wilson ; mais, fidèle aux traditions anglaises, il se garda bien d'engager l'Etat dans une œuvre qui devait s'appuyer tout entière sur de libres sympathies. Au commencement de 1824, un *meeting* public eut lieu à la Taverne de Londres (*London Tavern*). Le docteur Manners Sutton, arche-

Première Société des *Life-Boats*.

(1) *L'Angleterre et la Vie anglaise*, par Alph. Esquiros.

vêque de Canterbury, présida cette réunion, où l'on remarquait, d'ailleurs, Wilberforce et Lord John Russell, qui entrait alors dans la vie publique. M. Wilson fut nommé président de la société (il mourut en 1852, à l'âge de 85 ans, après avoir présidé la société des *Life-Boats* durant vingt-neuf années); et les côtes du Northumberland ayant le triste honneur d'être célèbres pour le nombre et la gravité des naufrages, c'est là que l'institution s'établit, surtout les premières stations des *Life-Boats.....* » (1)

Émulation dans le bien.
Réalisation du projet humanitaire à Boulogne.

Si l'Angleterre a donné l'exemple, la France, grâces à la ville de Boulogne, a eu l'honneur d'imiter son émule une année après l'initiative de cette œuvre humanitaire.

Pour réaliser ce projet, on songea d'abord à ouvrir une souscription qui devait en faire la base et qui pouvait seule lui donner la consistance nécessaire pour fixer les regards et mériter les suffrages de l'autorité. Cette souscription produisit 2,385 fr. 25 c. La réunion des souscripteurs, sous le nom de Société Humaine, désigna MM. J. Larking, Col. Peacocke, J. Symons, ministre anglais, et Arch. Maclachlan pour former le Comité chargé de poursuivre l'exécution de cet utile projet et lui donner tous les développements.

(1) Dans le cimetière de Hythe se lit sur une tombe l'inscription suivante : « A la mémoire de Lionel Lukin, le premier qui ait construit un *Life-Boat* ; il fut l'inventeur de ce principe de sauvetage par lequel tant de personnes ont échappé sur mer à une mort certaine ; il reçut du Roi un brevet d'invention en 1785. »

Une épitaphe est parfois menteuse. On attribue avec plus de raisons cette découverte à M. Greahead, constructeur de bateaux à Shields, qui inventa le canot de sauvetage, en 1789.

Après avoir obtenu du ministre de la guerre le poste de Machicoulis, le Comité fit l'acquisition d'une machine destinée à rappeler les noyés à la vie et de plusieurs autres ustensiles dont on faisait en Angleterre l'usage le plus heureux.

Que lui manquait-il à cette institution pour commencer sa mission philanthropique? Simplement l'autorisation d'exister au grand jour. Or, pour obtenir cette autorisation, il a toujours fallu de nombreuses démarches en France. Nous devons dire que tout d'abord l'administration municipale s'empressa de prendre l'œuvre sous son patronage, de l'encourager et de la faire accueillir.

Le Comité se composait ainsi au commencement de 1826 : *Premiers membres du Comité fondateur.*

MEMBRES FONDATEURS :

M. Vasseur, Maire, Président.

Anglais.	MM. *Français.*
J. Larking, Esqre.	Alex. Adam, banquier.
Revd Symons.	Baron Vattier, c.-amiral.
Hartwell, Esqre.	Baron Louis du Blaisel.
Powell, Esqre.	L. Fontaine, président du
Colonel Maclachlan.	Tribunal de commerce.
Colonel Peacocke.	Aug. Gros, avocat.

Dès l'origine, le Comité reçut avec une bien vive reconnaissance les offres généreuses de services que lui *Sollicitude des médecins.* firent MM. les médecins de cette ville. Non-seulement ceux-ci voulurent qu'on pût compter sur leur zèle à porter les plus prompts secours aux noyés qui seraient transportés dans l'établissement, mais désirant aussi prévenir les inconvénients qui pourraient survenir de tout délai involontaire, ils rédigèrent une instruction trans-

crite dans les deux langues pour indiquer au gardien,
aux surveillants-nageurs ainsi qu'aux assistants, les
premiers soins qu'en leur absence il est urgent de donner aux noyés.

Cette tradition généreuse de nos médecins s'est perpé-
tuée jusqu'à nos jours. On a toujours trouvé MM. les
docteurs disposés à venir en aide aux efforts de la
Société pour sauver de précieuses existences.

Premier canot de sauvetage. Le Comité comprit bientôt que sa sollicitude devait
s'étendre aux personnes qui, se trouvant sur des bâti-
ments battus de la tempête ou échoués, sont en danger
de périr; il fit construire un bateau dit de sauvetage,
insubmersible, confié à des marins intrépides et qui
coûta 784 fr. 52 c. Ce prix modique fait connaître
son exiguïté ; déjà l'on pressent qu'il ne pourra
affronter la violence des vagues en des jours de grande
tempête.

Tel qu'il était cependant, un bateau de ce genre était
inusité dans ce port, et le Comité n'aurait pu l'y faire
construire s'il n'avait eu l'avantage de posséder parmi
ses membres un ancien officier supérieur de la marine
française (le baron Vattier), qui voulut bien y donner
tous ses soins.

Ce bateau fut remisé dans un appentis attenant à la
maison de secours, et rendit quelques services. Toutefois,
on ne fut pas longtemps à reconnaître combien il était
insuffisant.

*Coopération des offi-
ciers de port, etc.* Si, dès 1826, les résultats furent excellents et efficaces,
le Comité en fit honneur à la coopération active de
M. Sauvage, lieutenant de port, qui avait pris sous son
inspection tout ce qui avait rapport au service de l'établissement. Le concours de MM. les officiers de la
marine n'a jamais manqué à l'institution et en assure
encore le succès.

L'œuvre avait été accueillie comme une bonne action permanente par les habitants et résidents de Boulogne.

M. le contre-amiral baron Vattier en témoignait par cette lettre adressée à M. l'Editeur de l'*Annotateur* le 3 août 1826 :

« Monsieur, organe du Comité de la Société Hu-
« maine, je m'empresse de faire agréer nos remercie-
« mens aux habitants de cette ville ainsi qu'à MM. les
« étrangers, qui ont rivalisé de zèle avec eux en con-
« tribuant à faire établir les instruments et objets né-
« cessaires pour donner de prompts secours aux noyés.
« La prévoyance du Comité a obtenu la plus douce
« récompense, celle d'avoir été utile à ses semblables ;
« déjà on a prévenu des accidents qui se renouvellent
« chaque année ; les nageurs établis sur la côte ont
« sauvé, le 22 juillet dernier, le nommé Jean Chabot,
« soldat de la 11ᵉ compagnie sédentaire, et les femmes
» Lambri et Lehocq ; le 1ᵉʳ août, la femme Françoise
» Petit.

« Le Comité, qui doit tout à la générosité des sous-
» cripteurs qui ont répondu à sa demande, se trouve
» heureux que leurs sacrifices lui laissent la pensée,
» consolante pour l'humanité, qu'il obtiendra des
» résultats encore plus heureux.... »

Ainsi, moins d'un an après sa fondation, la Société Humaine avait déjà sauvé la vie à quatre personnes ; elle avait donné une grande sécurité aux bains et pas un accident n'avait été suivi de mort.

Une institution qui prouvait si bien son utilité méri-tait les encouragements ; ils ne se firent pas attendre. Le 28 septembre 1826, la Société Philharmonique organisait pour elle, avec MM. Pixis et Labarre, un concert dont les produits accrurent le premier fonds de caisse.

La Société Humaine n'est que tolérée. « Je sauve, donc je suis » pouvait-elle dire, quoiqu'elle n'existât pas légalement encore : lorsque son comité, (4 juillet 1826) par une pétition au Ministre de l'Intérieur, demanda la constitution régulière à Boulogne d'une association de bienfaisance pour les secours maritimes, il fut répondu (28 septembre suivant) que, sans accorder une autorisation formelle, le ministre voulait bien *la tolérer*, en remettant à l'administration municipale le soin de la présider et de la surveiller. M. le maire était, de plus, invité à rendre compte des observations auxquelles donnerait lieu son fonctionnement.

Subventions de la Ville. L'administration citoyenne avait compris de suite l'importance d'une Société Humaine à Boulogne et la considéra, dès son origine, comme l'auxiliaire la plus utile. En 1817, M. le Maire proposa au Conseil municipal de la doter annuellement d'une subvention de 500 francs; cette somme fut inscrite au budget de 1828. La subvention fut augmentée huit ans après et fixée à 1,000 fr. (1), à 1,500 fr. (2), à 2,000 fr. (3), et enfin à 3,500 fr.(4).

Les allocations municipales, ajoutées à d'autres subventions et aux souscriptions annuelles faites parmi les habitants et résidents, ont permis peu à peu à la Société Humaine de devenir l'établissement modèle que nous connaissons et qui a servi de type à toutes les sociétés semblables, fondées successivement en 1832 et 1833 à Dunkerque, à Calais, à Rouen et à Bayonne.

Le comité avait bien prévu que son exemple finirait par avoir des imitateurs en France, mais combien il est

(1) Au Budget de 1836.
(2)   id.   de 1851.
(3)   id.   de 1866.
(4)   id.   de 1871.

honorable pour la ville de Boulogne d'avoir, dans l'intérêt des naufragés et des baigneurs, donné une si heureuse impulsion aux secours maritimes sur le continent!
N'est-ce pas un motif pour ses habitants de soutenir cette
Société-mère, de contribuer avec un zèle qui ne se
refroidira jamais, nous l'espérons, au maintien d'un
établissement dont ils ont les premiers éprouvé le
bienfait et dont toutes nos villes maritimes leur sont
redevables.

CHAPITRE DEUXIÈME.

DE 1826 A 1833.

Dès 1826, nous l'avons vu, le Comité s'était pourvu d'un canot de sauvetage, aux dimensions restreintes et de construction imparfaite. Dans l'impuissance de lui donner un remplaçant mieux en rapport avec sa destination, la Société s'attacha à mener à sa perfection la surveillance des plages.

Surveillance des plages. En 1827, son Comité acheta deux canots spéciaux, placés constamment dans les eaux fréquentées. Ces canots, augmentés en nombre depuis, garnis d'avirons, de grappins, de bouées, sont tenus à flot aussi longtemps que l'état de la mer le permet.

Les surveillants sont en exercice pendant toute la durée de la saison des bains, à leur poste depuis le lever du soleil jusqu'à son coucher. En parcourant l'étendue de sa section, chacun d'eux a les yeux fixés sur les nageurs ; il a soin de leur indiquer les endroits qui présentent quelques dangers. C'est principalement quand la mer est houleuse qu'il doit redoubler de zèle et d'attention : s'il s'aperçoit qu'une personne est en danger, il se jette aussitôt à la nage, traînant une ligne légère dont l'autre bout est tenu par un compagnon à terre ; par ce moyen, le sauvé et le sauveur sont ramenés au rivage.

Il est impossible de relater ici en détail les actes de dévouement qui, depuis cinquante années, forment tant de belles pages dans les rapports annuels du Comité.

Mais si, dans un résumé historique, on ne peut détailler les sauvetages accomplis, du moins les noms des sauveteurs prendront place dans un tableau joint à ces notes avec d'autres tableaux complémentaires.

L'un des premiers soins du Comité-Directeur avait été de rédiger des statuts réglementaires, définissant les attributions et les devoirs de ses menbres et de ses agents. C'était sa *constitution*, sa *charte*. Cette constitution fut élaborée avec tant de sagesse et de soin, que le temps, en amenant quelques modifications de détails sans importance, n'a rien changé aux articles fondamentaux : les rédactions successives de 1839, de 1843 et de 1846 n'ont fait que reproduire les statuts primitifs de 1830, lesquels groupaient toutes les décisions éparses dans diverses délibérations.

Afin de rappeler son origine internationale, le Comité-Directeur se composa de douze membres, dont six de nationalité française et six de nationalité anglaise, et le Bureau, d'un président, d'un secrétaire et d'un trésorier, élus à la majorité des suffrages. Depuis lors, ce Bureau s'est augmenté d'un vice-président, d'un ordonnateur des dépenses et d'un vérificateur des comptes.

La Société, dont le but fut toujours rappelé en tête de son règlement, a pourvu aux dépenses, depuis ses origines, au moyen d'une cotisation de ses membres, d'une collecte annuelle et des allocations que les administrations publiques furent priées de voter en sa faveur. C'est ce qui existe encore, ainsi que la reddition annuelle des comptes faite aux souscripteurs dans un rapport imprimé.

D'après un article maintenu, le Comité s'est réservé la faculté de déférer la qualité de membre honoraire, non-seulement à ceux de ses membres qui se retiraient par force majeure, absence ou état de santé, mais encore aux personnes qui, par les fonctions publiques dont elles sont revêtues, ou de toute autre manière, ont rendu des services importants à l'établissement.

En conformité de cette disposition, le Comité nomma pour la première fois en cette qualité dans l'année 1830 :

1° M. Maclachlan, colonel anglais, l'un des fondateurs, qui, en quittant notre ville, laissa les meilleurs souvenirs parmi ceux qui avaient eu l'avantage de le connaître.

2° M. le baron Vattier, contre-amiral en retraite, l'un des fondateurs français, dont le zèle éclairé et les connaissances spéciales avaient coopéré efficacement au succès.

3° MM. Marcotte, directeur des douanes, et Michelin, commissaire de marine, pour des services unanimement reconnus.

Premier sauvetage d'un équipage.

Le 22 octobre 1829, trois bateaux de pêche, nos 7, 118 et 137, se mirent à la côte en essayant d'entrer dans le port à la suite d'une tempête. La mer était fort grosse et l'équipage d'un de ces bateaux courait les plus grands dangers, lorsque M. Broquant, maître du port, conçut le projet d'envoyer à son secours, en se servant du canot de sauvetage et des cordages qui étaient en disponibilité dans un magasin établi par le Comité vis-à-vis la plage. Le pilote, Delpierre dit Cator, les marins Vanterqueme, Pierre Vandersonne, dit Larose, et Altazin, parvinrent, aidés du capitaine Broquant, à sauver l'équipage, conquérant ainsi l'honneur d'inau-

guror les sauvetages dont chaque année a vu augmenter
le nombre, grâces à la Société Humaine.

La première somme recueillie en faveur de l'institution Sermons prêchés dans les chapelles anglaises.
projetée en 1825 fut donnée sous l'influence de l'éloquente
parole du Révérend A. Edge, ministre anglais (1).

Le 27 septembre 1829, le Révérend Georges d'Oyley,
recteur de la paroisse de Lambeth, prononça dans la
chapelle de notre ville un discours sur l'utilité des travaux de la Société, à la suite duquel fut faite une collecte
dont le produit s'éleva à 647 fr. 35.

Bien des fois, la charité évangélique des pasteurs
anglais a ému ainsi, en faveur de l'œuvre de secours, la
générosité de leur communauté.

Dans le courant de l'été 1830, le roi de Wurtem- Le roi de Wurtemberg à Boulogne.
berg, voyageant sous le nom de comte de Tech, vint
prendre les bains de mer à Boulogne. Ayant eu connaissance de l'établissement fondé pour porter aide et

---

(1) On lit dans le *Boulogne Gazette* du 25 Juin 1853.

We cannot let this opportunity pass of expressing how
much the English appreciate a simple act of courtesy and
good feeling, displayed by the Authorities, arising from the
present question. Among other tombs, marked for destruction,
was that of the Rev. Mr. Edge, there being no document
to prove that the ground was purchased *à perpétuité*. It was
scarcely credible that the ground for a rich clergyman had
not been purchased, but there was no record that it had
been. It seems that in the Books of the Humane Society
it is, on record, that the first sermon, preached in France,
for the benefit of any Humane Society, was that for the
Humane Society of Boulogne, by the Rev. Mr. Edge, in the
Protestant Chapel, rue Saint-Martin. When this fact was
stated to the Authorities, they thought it one deserving the
gratitude of the Town, and declared the ground that he
occupies sacred to him for ever. This should not be forgotten.
It is a singular fact that Mr. Edge was drowned, whilst
bathing, a few months after he had delivered his sermon.

secours aux noyés, ce souverain témoigna un vif intérêt à l'œuvre et, d'après ses ordres, une somme de cent
francs fut versée chez le trésorier de la Société.

Membres honoraires. En 1831, le maréchal Soult et le comte de Rigny,
ministre de la marine, acceptèrent le titre de membres
honoraires.

Cette qualité fut décernée à MM. Brent et Hawes,
membres de la Société Royale de Londres, Fontaine
père, ancien député, Sir Sydney Smith, amiral anglais,
et au Révérend J. Symons, l'un des fondateurs et le
premier secrétaire de la Société, dont l'activité zélée
avait tant aidé à la réalisation de l'œuvre.

M. Gros, avocat, ancien juge-de-paix, succéda comme
secrétaire à M J. Symons. Un secrétaire-rédacteur
aidait le secrétaire titulaire. M. Boulongne remplit cet
office pendant longtemps.

Fut également nommé membre honoraire M. Godde
de Liancourt, secrétaire d'une société générale des
Naufrages fondée à Paris, en 1835.

Félicitation de la Royal Humane Society. La Société Humaine était déjà très estimée : en 1832
elle en reçut un témoignage flatteur.

Le comité de la *Royal Humane Society* de Londres
exprima, dans la séance du 19 décembre de cette année,
« toute sa satisfaction en voyant la prospérité constante
« de la Société Humaine de Boulogne-sur-mer. »

Ce comité félicita « sincèrement les directeurs du
» succès qui, sous la protection de la divine Providence,
» ont couronné leurs efforts bienveillants pour la con-
» servation de l'existence de leurs semblables. »

Il a en outre arrêté « que des remerciements empressés
» seraient présentés cordialement aux directeurs de la
» Société Humaine de Boulogne, pour l'envoi amical
» qu'ils lui ont fait de leurs rapports, ce dont il espère
» voir la continuation les prochaines années... »

Cette haute approbation, ces félicitations encourageantes, notre Société, en tout temps, en obtint l'expression reconfortante.

En cette même année 1832, le Comité-Directeur Costume des surveillants. déclarait qu'une heureuse expérience avait inspiré à beaucoup de baigneurs la précaution de consulter les surveillants sur le choix des points du rivage où l'on pouvait se baigner avec sécurité, précaution d'autant plus sage que les courants varient quelquefois de direction. Il fallait développer cette prévoyance et en faire naitre la pensée : le Comité pensa à revêtir les surveillants d'un costume indicatif des fonctions dont ils étaient chargés.

Ce costume consista en une demi-blouse de toile blanche avec collet bleu, en un pantalon de même étoffe, le tout lié et assujetti avec une ceinture de couleur rouge et un chapeau rond en toile cirée, sur lequel se lisaient les mots : *Société Humaine.*

Bref, comme on le voit, costume tricolore et aux trois couleurs nationales.

Précédemment, sous la Restauration, les surveillants avaient eu, pour signe distinctif, une plaque en cuivre, attachée au bras, au milieu de laquelle ressortait en relief une fleur de lys entourée de la légende : *Société Humaine, Police des Bains de mer.*

Ce service de surveillance, l'entretien du matériel, les frais généraux d'un service accru d'année en année, absorbaient tous les fonds mis à la disposition du Comité. Aussi ce Comité ne pouvait-il améliorer son œuvre que lorsqu'une circonstance favorable le permettait.

Mais en raison de ses services reconnus, il recevait le Sympathies de la Chambre de Commerce. Relations, etc. concours de toutes les institutions locales. En 1833, le Comité fut redevable au zèle bienveillant de notre

Chambre de Commerce d'une nouvelle boîte de secours pour les asphyxiés, que, sur d'instantes demandes, le gouvernement accorda à la Société Humaine,

L'acquisition était d'autant plus précieuse que les moyens pécuniaires trop limités ne permettaient que de formuler le vœu de se la procurer.

Notre Chambre de Commerce fondée en 1819, après avoir été désirée depuis 1814, devait, en raison des intérêts maritimes qu'elle est appelée à protéger, voir d'un œil favorable l'association secourable ; aussi lui témoigna-t-elle toujours la sympathie la plus honorable. Cette sympathie n'a, toutefois, porté ses meilleurs fruits que depuis 1869, lorsque par une subvention annuelle et par des allocations spéciales, l'administration commerciale, par excellence, dirigée par des citoyens éminents et zélés, a voulu plus directement s'associer à l'assistance des marins en péril.

Cependant, les relations du Comité-Directeur s'étendaient au loin. Les inventeurs d'appareils de secours réclamaient son approbation. On lit dans le *Journal de la Marine* (n° IV, août 1833) que l'amiral Sir Sidney Smith « a dernièrement communiqué à la Société Humaine de » Boulogne-sur-mer tout l'appareil de son radeau » insubmersible. »

Naufrage de l'Amphytrite.

Un événement déplorable assombrit l'année 1833. La tempête engloutit l'*Amphytrite*, vaisseau anglais, avec un équipage de 18 marins, 106 femmes condamnées à la déportation et 12 enfants.

Le 31 août, ce navire avait échoué à basse mer à l'est de l'entrée du port, vers cinq heures du soir ; sa destruction semblait imminente lors de la marée montante. Il ne fallait donc pas perdre un instant pour lui porter secours. Ce secours fut tenté avec héroïsme par Pierre

Hénin, courageux maître baigneur, dont le dévouement fit alorsgrand bruit dans l'Europe entière.

Il lutta contre la furie des flots, nagea une heure et demie pour atteindre le bâtiment, y parvint après deux ou trois tentatives et tâcha de faire comprendre à l'équipage le danger qu'il courait. On lui jeta un bout de ligne qu'il s'efforça de ramener à terre. Malheureusement, lorsqu'il était à moitié chemin, on cessa de filer la ligne du bord (on sut depuis qu'elle était engagée dans les manœuvres), et, se voyant en pressant péril par la violence des vagues, Pierre Hénin, après avoir tenu bon pendant quelques minutes, fut obligé de lâcher prise et de revenir à terre accablé de fatigue.

Pendant cette tentative vraiment sublime et qui méritait de réussir, un canot avait été traîné par dessus les fascines, amené vis-à-vis le navire ; les pilotes Huret et Testard, avec huit marins, intrépides comme eux, y prirent place. Après des efforts inouis, les sauveteurs purent s'approcher du bâtiment et prirent un bout de cordage en faisant signe qu'on le filât du bord. Fatalité ! le cordage fut une seconde fois arrêté tout à coup, tandis que le canot, ainsi retenu, plongeait son avant dans la lame et s'emplissait d'eau. Obligés pour leur propre sûreté d'abandonner la ligne, nos marins durent à leur grand regret renoncer à cette entreprise devenue téméraire.

Cependant la mer montait ; les vagues soulevées par l'ouragan défiaient toute tentative nouvelle. Jamais l'impuissance humaine contre les éléments conjurés n'apparut plus clairement. On avait fait le possible, il eut fallu un miracle.

Et devant une catastrophe attendue, la foule dût rester inerte spectatrice.

Elle ignorait toutefois l'étendue du désastre ; elle ignorait que ce navire transportait une cargaison humaine conduite à la mort par l'impéritie de son capitaine, et quelle mort! Après cinq heures d'agonie, lorsque les victimes pouvaient apercevoir la terre de salut, le navire s'est ouvert et la mer a tout englouti. Et de tous les corps de ces cent trente-six submergés, que la vague poussa vers la rive, trois seulement, trois matelots, purent être ranimés, sauvés. C'est par eux qu'on sut toute l'épouvantable vérité, le nombre des victimes dont les cadavres, en partie recueillis, furent déposés au cimetière sous une pierre commémorative destinée à perpétuer le souvenir du sinistre.

L'émotion fut intense dans notre ville. Un cri s'éleva : « Il faut à la Société Humaine un canot de sauvetage « perfectionné, insubmersible ! »

Ce canot aurait-il empêché, atténué, du moins, un aussi grand malheur s'il avait été là pour seconder l'héroïsme de Pierre Hénin et des pilotes Tétard et Huret. En son absence, tout ce qui fut possible avait été tenté. Sans la fatalité de la ligne arrêtée dans les manœuvres du vaisseau (comme cela n'arrive que trop souvent), une communication avec la terre aurait été établie. Tout fut fatal en ce naufrage, depuis l'incurie du capitaine jusqu'à l'insuccès du sauvetage.

Dans la première émotion on fut impitoyable à force de pitié.

En de telles occurrences la première pensée de la foule est souvent de s'en prendre aux Sociétés Humaines, tant la pitié prédispose à l'injustice. On les accuse d'imprévoyance ; on oublie les services, les efforts, quand le succès ne les couronne pas. On oublie que l'élément à combattre, c'est la mer terrible en ses colères, ayant les grandioses brusqueries de l'infini et les perfidies les plus inattendues.

Mais ces sociétés sont *humaines* seulement et, comme telles, impuissantes, ainsi que l'humanité, contre les forces de la nature en courroux.

Si la nôtre n'était pas organisée complètement en société de naufrages, c'était faute de ressources suffisantes ; l'autorité le comprit. Sur sa demande, appuyée par le maire, le gouvernement fit construire pour elle, à Cherbourg, un canot de sauvetage.

CHAPITRE TROISIÈME

DE 1834 A 1839.

Le canot de sauve-
tage.
Le canot de sauvetage, invention moderne, perfec-
tionnée peu à peu, se distingue des autres par une
construction très-soignée qui permet d'obtenir une
solidité remarquable sans augmenter démesurément son
poids. Des espaces remplis d'air, de petits morceaux
de liége ou de bois léger, la maintiennent à flot, alors
même que chargée de monde elle est submergée par
une lame. Une disposition spéciale fait que l'eau em-
barquée s'écoule en quelques secondes ; enfin, elle ne
peut rester chavirée, ni sur le côté, ni la quille en
l'air, et se retourne immédiatement lorsqu'elle est
roulée par la mer ou couchée par la force du vent.
Les hommes de l'équipage se maintiennent dans l'embarcation par des liens qui les attachent aux bancs ;
ils peuvent y remonter en s'accrochant à des cordes
traînantes et en s'aidant d'une ceinture formant mar-
chepied : chaque homme d'équipage est pourvu aussi
d'un plastron.

Assurément, on ne parviendra jamais à obtenir que des
marins affrontent une tempête pour recueillir l'équipage
d'un navire en détresse sans courir quelques dangers.
Il est de ces problèmes éternellement insolubles et qui
défient les perfectionnements de la science et de l'art ;

mais on peut affirmer, à présent surtout que les progrès de la construction navale sont si avancés, que des matelots exercés, pourvus de ceintures de natation et s'embarquant par très gros temps dans un canot de sauvetage, sont exposés aussi peu que possible.

Ces embarcations sont habituellement remisées dans des abris en maçonnerie construits à cet effet, et reposent sur des chariots destinés à les transporter rapidement sur le lieu du sinistre et à opérer le lancement, lors même que la mer déferle avec fureur.

L'armement est toujours prêt ; au premier appel, le canot, traîné près du rivage, tourné l'avant à la lame, s'élance au commandement du patron qui s'embarque préalablement avec les hommes.

C'est de l'une de ces embarcations que la Société Humaine obtint le don, accordé, il faut le dire, avec beaucoup de bienveillance par M. le ministre de la marine. *Don de l'Amiral de Rosamel.*

La pétition adressée à ce haut fonctionnaire était accompagnée d'une brochure de M. Palmer, avec le plan de son bateau insubmersible dont on avait pris l'invention pour modèle proposé.

Le ministre répondit, le 4 décembre 1833, qu'il n'existait pas de bateau de ce genre dans nos ports militaires et qu'il allait en faire demander le modèle à Londres pour en ordonner la construction dans l'arsenal de Cherbourg : « Il me sera fort agréable, ajoutait-il, de l'offrir à la société de Boulogne et de m'associer ainsi à ses vues philanthropiques. »

Au 23 août 1834, le bateau aurait été prêt à suivre sa destination si les coffres latéraux de l'embarcation avaient pu être préservés de l'introduction de l'eau. Malgré tous les soins pris pour les faire exactement semblables à ceux du modèle, on n'avait pu obtenir une parfaite étanchéité (1).

Le ministre dut écrire au Consul général de France à Londres, et l'inviter à se procurer, auprès du constructeur, des renseignements sur la nature de l'enduit qui recouvrait le modèle.

Par ce retard, le canot ne fut envoyé qu'aux approches de l'hiver.

C'est avec le plus vif intérêt qu'on vit arriver dans le port de Boulogne le premier bateau de sauvetage, digne d'un tel nom, qui ait été construit en France.

Après toutes les dispositions préalables nécessitées par l'emploi de ce bateau, le Comité voulut le mettre à l'épreuve lors des coups de vent violents qui sévirent les 16 et 17 octobre 1834.

On avait choisi pour le monter des marins de notre port reconnus par leur habileté et leur intrépidité ; on les vit diriger ce bateau avec le plus grand succès, au travers des vagues, dont l'impétuosité aurait pu submerger une embarcation ordinaire.

Dans les épreuves qui eurent lieu pendant ces deux journées d'une forte tempête, il fut bien reconnu que ce bateau était insubmersible, et l'on fut certain qu'on aurait pu sauver les malheureux naufragés de l'*Amphytrite*, si l'on eût eu le précieux avantage de le posséder en 1833.

Le 22 du même mois, un coup de vent, encore plus violent, offrit l'occasion d'une troisième épreuve ; le

(1) On attribuait cette différence à ce que dans le canot anglais, ces coffres formés d'une charpente légère étaient recouverts d'une toile peinte en noir avec un enduit imperméable dont on n'avait pu découvrir la composition.

public s'était porté en foule à l'endroit du rivage où elle devait avoir lieu ; mais par une malheureuse circonstance, les hommes qu'on avait d'abord employés se trouvaient à la mer, ainsi que beaucoup d'autres marins qui auraient pu les remplacer.

Puisqu'on était privé d'hommes reconnus capables de monter, en ce moment, le bateau de sauvetage, il aurait peut-être été plus prudent de ne pas s'exposer à le mettre en mer ; mais aussi, il paraissait bien pénible de tromper la longue attente du public.

Cette pression de la foule, inconsciemment tyrannique, imprévoyante des obstacles, pèse souvent d'un poids très lourd sur les résultats de certaines expériences. On a vu de nos jours un aéronaute se lancer dans les airs avec la certitude d'un danger imminent, parce que les spectateurs ne voulaient rien comprendre à ses retards. On a vu aussi se former des équipages de secours que la prudence des officiers de marine aurait refusés si la foule ne hâtait le départ de l'embarcation, sans réfléchir que ce canot est un instrument qui vaut selon la main qui le dirige.

En 1834, pour ne pas tromper l'attente du public, on se détermina, bien à tort, à accepter les hommes que l'appât d'un fort salaire rendait probablement plus entrépides qu'entendus.

Le bateau fut lancé dans les vagues et s'y maintint malgré leur impétuosité, mais l'inexpérience des marins d'occasion les fit se diriger sur l'ancien fascinage construit en avant de la jetée. Ils ne comprirent aucun des signaux qu'on leur fit ; le bateau lancé contre l'obstacle y chavira avec les gens qui le montaient.

L'effroi que causa leur submersion ne fut heureusement pas de longue durée ; on les vit bientôt reparaître sur ce même fascinage et s'y maintenir.

On reconnut dans cet accident une cause tout-à-fait étrangère à l'excellente construction du bateau, excellence dont on a eu tant de preuves dans la longue carrière de l'*Amiral de Rosamel* (ainsi fut-il baptisé), commencée en 1836 (les années 1834 et 1835 n'aya. été témoins d'aucun naufrage sur nos côtes), par le sauvetage des quinze matelots du bateau de pêche n° 57, échoué à la côte (1).

Belle et longue fut cette carrière de sauvetage, et telle qu'on peut la souhaiter à toutes ces *planches* de salut, auxquelles l'humanité est redevable de tant de marins délivrés des horreurs du naufrage.

L'*Amiral de Rosamel* obtint la mort des braves ; il périt lors d'une tempête le 19 octobre 1869, après 35 années d'exercice, après avoir sauvé plus de 250 personnes.

Ce jour-là, la violence du vent et le mauvais état de la mer rendaient toutes les tentatives très-difficiles et extrêmement dangereuses. Néanmoins — telle était la confiance qu'ils mettaient en leur canot préféré! — de braves marins n'hésitèrent pas à se réunir pour former l'équipage de l'*Amiral de Rosamel* remisé à l'ouest du port, mais leurs efforts furent impuissants pour le mettre à flot ; le canot éprouva même de fortes avaries auxquelles on remédia pendant la nuit.

Le lendemain, on put, malgré les difficultés nouvelles, le lancer à la mer ; mais c'était son dernier effort. Le vent l'empêcha de s'élever au large. Une blessure profonde laissa pénétrer l'eau de toutes parts et le bateau fut forcé de revenir s'échouer, *mourir* dans un pitoya-

(1) Voir la liste des sauvetages maritimes dans le tableau annexé à ces notes historiques.

ble état sur la plage que ses restes couvrirent bientôt.

En obtenant ce canot, le Comité comprit que de nouvelles charges lui incombaient et qu'il n'y pouvait parvenir qu'avec l'assistance de l'État.

Sur ses instances, M. le maire écrivit, le 16 janvier 1834, à M. le ministre de la Marine, au sujet des moyens de sauvetage à établir sur les côtes du Pas-de-Calais et de Boulogne, demande motivée sur les nombreux naufrages de 1833. M. le ministre déclara s'associer avec intérêt à toutes les idées philanthropiques émises pour procurer à la Société Humaine les appareils dont l'emploi serait jugé nécessaire : mais « quant à la demande » de fonds (1) formée par la Société Humaine, pour » se constituer en société des naufrages, il n'est pas » possible d'y satisfaire parce que le budget de la Marine » ne contient aucune somme qui puisse être affectée à » des dépenses de cette nature, qui sont d'ailleurs tout » à fait étrangères aux divers services auxquels il doit » pourvoir.... »

La Société cherche à s'organiser en société des naufrages

Dire que le sauvetage des marins est étranger aux services de la Marine.... l'aveu parut singulier.

On verra plus loin le Comité répondre à de semblables fins de non-recevoir en affirmant que, par cela même que le gouvernement concentre toutes les ressources publiques, il lui incombe de pourvoir au salut des naufragés.

Sur le refus d'une subvention ministérielle, le Comité s'adressa au Conseil général du département du Pas-de-Calais, dont il obtint, grâces aux démarches de M. Alex. Adam, 500 francs par an. De son côté, le Conseil municipal augmenta de 500 francs l'allocation budgétaire, en

_____

(1). Lettre du 23 août 1834.

affectant cette somme, comme fit le Conseil général, au service des secours maritimes.

Grâces à ces subventions qui s'ajoutaient aux cotisations des souscripteurs fidèles, la Société Humaine devint efficacement une société des naufrages, dont elle ne prit toutefois le nom qu'à partir de 1845.

Expériences d'appareils de sauvetage, etc. En juin 1834, M. Conseil, officier de marine, vint montrer au Comité différents engins de sauvetage. Le 29 septembre suivant, M. l'abbé Vasseur, fils de l'ancien et respectable maire de Boulogne, expérimenta aussi un appareil à l'aide duquel il était possible de rester longtemps au milieu d'air vicié, et dont le système pouvait, au moyen de quelques changements, être utilisé pour aller au fond de l'eau pendant un certain temps.

L'attention publique vivement excitée alors, soit par la création d'une première société centrale des naufrages à Paris (1835), soit par la multiplication de ces associations dans plusieurs ports de mer, donnait de l'émulation aux inventeurs.

L'emploi des projectiles porte-amarres semblait surtout une précieuse découverte.

Les fusées Dennett furent expérimentées en 1838 ; la quatrième épreuve réussit complètement. Une ligne fut envoyée à 800 pieds au milieu d'un canot qui avait été le point de mire.

En cette même année, M. Claude Ruggieri, artificier du roi, vint également tenter des essais de fusées en parachûte et de fusées à lancer des lignes. Ces essais faits avec le plus grand désintéressement eurent d'assez heureux résultats quoi qu'incomplets.

Le peu d'inclinaison de notre plage, par laquelle les navires qui échouent doivent nécessairement le faire à une assez grande distance, doit naturellement rendre

bien rares à Boulogne les cas où les projectiles peuvent
être utilement employés *après* que le navire a pris
terre ; mais il n'en est pas de même de leur emploi *avant*
l'échouement. La plupart des bâtiments qui se mettent
à la côte près d'un port quelconque, y sont forcés après
avoir manqué l'entrée et avoir passé près de l'extrémité
des musoirs. On proposa, en conséquence, d'établir à
l'extrémité de nos jetées des fusées et des lignes constamment tenues prêtes lorsqu'il ferait mauvais temps,
de manière à pouvoir envoyer une ligne à bord des
navires qui manqueraient l'entrée. La ligne, une fois à
bord, permet de faire passer une forte corde, puis un
grelin au moyen duquel on arrive parfois à prévenir
l'échouement ; et, si l'accident a lieu, on a toujours, au
moyen de ce grelin, la facilité de haler le bateau de
sauvetage vers le navire naufragé, ou même, au pis-
aller, de débarquer l'équipage avec un va-et-vient.

A maintes reprises, le Comité s'est vivement préoc-
cupé de l'emploi des projectiles porte-amarres. Les
fusées volantes (rockets), inventées par M. Carte, de
Hull, furent essayées en 1851. Le mortier-Manby parut
avoir fait faire un pas à l'invention. Toutefois, en raison
du peu d'inclinaison de notre plage, et par cela même
que le rivage offre une visée plus certaine, le Comité
préconisa de préférence l'emploi de ces appareils à
bord des navires en détresse ; il appela l'attention du
gouvernement sur l'obligation qu'il devrait imposer à
tous les vaisseaux d'en être munis.

En 1838, le Comité perdit M. Larking, le promoteur
principal de l'institution.

Depuis dix années, cet honorable gentilhomme pré-
sidait la Société, lorsqu'en 1836 des raisons de santé le
forcèrent à habiter la campagne. Malgré son grand âge,

pendant ces dix années il avait donné l'exemple de
l'activité et du zèle le mieux entendu, comme en
témoigne la délibération prise par le Comité quand il
dut cesser ses fonctions.

Nommé membre honoraire de l'association dont il fut
l'âme, M. John Larking, ancien magistrat anglais, ne
porta plus longtemps ce titre, et le 19 Décembre 1838,
à l'âge de 83 ans, il expirait après une vie entièrement
consacrée aux meilleures œuvres de la charité.

Émule des bienfaiteurs de l'humanité qui dotent le
monde d'une idée féconde, M. John Larking mérite
qu'un souvenir durable perpétue sa mémoire. Que ce
souvenir lui vienne de la reconnaissance de Boulogne
et de la France qui lui doivent tout le bien accompli
par les Sociétés Humaines créées d'après celle qu'il
fonda chez nous en 1825. (1)

(1) L'œuvre de M. Larking conserve toujours la sympathie
des siens ; sa fille s'empresse, chaque année, de verser sa
souscription libérale.

CHAPITRE QUATRIÈME.

—

DE 1840 A 1845.

Il faut aux sociétés, comme aux hommes, un foyer fixe, une demeure stable ; il leur faut l'abri durable et connu auquel on s'attache.

Cela manquait à la Société Humaine. Dans le local resserré, ancien corps de garde que le ministre de la guerre avait mis à la disposition du Comité, on ne pouvait donner de secours à plus d'un individu à la fois.

Un tel état de choses ne pouvait se perpétuer.

D'ailleurs l'accroissement du commerce maritime, l'augmentation des baigneurs, celle du nombre des paquebots servant au transport des passagers, faisaient une loi de prévoyance de remplacer l'établissement primitif trop insuffisant.

Le Comité s'en préoccupait depuis 1835 et s'était imposé des économies annuelles pour y parvenir. Mais ces économies, faibles, on le comprend, puisque les services de secours réclamaient toujours leurs dépenses ordinaires, n'auraient pu suffire si le Conseil Municipal, si la générosité publique n'étaient venus en aide.

En Octobre 1836 (1), le Conseil Municipal sollicita, en

(1) Par sa délibération du 21 Octobre 1836, le Conseil Municipal, « considérant que la Société Humaine, instituée

faveur de la Société Humaine, la concession d'une
partie de terrain domanial, dit des Falaises, afin qu'elle
pût y élever les constructions nécessaires tant pour
placer convenablement le bateau de sauvetage, les
canots et le matériel, que pour donner à la maison de
secours une extension qui la mît mieux en harmonie
avec l'importance croissante do Boulogne.

L'intention du Conseil, formulée dans cette délibération, affirmée dans deux autres, les 17 avril et 9 décembre 1839, était d'obtenir cette concession « dans
» l'intérêt de la Société Humaine, et pour l'affecter au
» service de cette institution, afin qu'elle fût en mesure
» d'étendre ses services sur une plus large échelle. »

Après de nombreuses démarches, une ordonnance
royale du 8 Juillet 1840 (1), rendit exécutoire les délibérations du Conseil et autorisa la concession à la Ville,
pour la Société Humaine, d'un terrain de 15 ares 93

dans le but de rappeler à la vie les personnes prêtes à périr
dans les flots, et qui a déjà rendu tant de services à l'humanité, n'est pas propriétaire du terrain domanial sur lequel est
élevé le bâtiment dans lequel elle a établi ses moyens de
secours, non plus que de ses dépendances ;

« Considérant que cette circonstance peut nuire à la durée
comme à la prospérité de ce précieux établissement ;

« Considérant qu'il est d'autant plus urgent de se mettre
en règle à cet égard que des demandes en concession pour les
terrains voisins ont été tout récemment adressées au Domaine
et qu'il importe d'empêcher que la Société Humaine ne soit
troublée dans sa jouissance ;

« Considérant que cette Société, n'ayant pas encore été
reconnue officiellement par le Gouvernement, n'est pas apte
à devenir propriétaire ; »

Sollicite la concession dont il s'agit.

(1) Louis-Philippe, roi des Français,
Vu les délibérations du Conseil municipal . . . . . ayant
pour objet d'obtenir . . . la cession d'un immeuble . . . .

centiares, faisant partie des falaises et des bâtiments qui
s'y trouvent, moyennant le prix principal de 1224 fr. 75 c.

La Ville fut donc l'obligeante intermédiaire d'une
société, non légalement reconnue alors, et qui ne
pouvait devenir propriétaire de son chef. Le terrain
concédé (1), ayant été affermé par bail, sur les clauses et
conditions arrêtées dans une délibération municipale
du 24 août 1842, les amis de l'humanité eurent la satisfaction, au mois de septembre 1843, de voir poser la
première pierre de la maison de secours.

La construction de la maison, l'acquisition et l'installation de nouveaux appareils, l'établissement reconnu
utile de bains chauds toujours prêts, la nuit comme le
jour ; en un mot, l'ordonnancement des dépenses qui
atteignirent trente-quatre mille francs, lorsque l'encaisse
disponible n'était que de six mille francs, voilà de ces
audaces dans le bien, que peuvent seuls concevoir ceux-
là qui ne craignent pas de prendre une responsabilité
personnelle.

Pleins de confiance en la générosité publique qui
jamais ne leur fit défaut, les membres du Comité de la

destiné au service de la Société Humaine pour les Naufrages
. . . . . .

Considérant que la demande est motivée sur une cause
d'utilité publique suffisamment justifiée ;

Sur le rapport de notre ministre . . . . ., nous avons
ordonné et ordonnons ce qui suit :

Art. 1er. — Le préfet du département du Pas-de-Calais est
autorisé à concéder . . . .

(1) L'an 1841 et le neuf juin, nous, Préfet, stipulant au nom
de l'Etat . . . . ., en vertu de l'ordonnance royale,

Avons concédé à la ville de Boulogne . . . un terrain de
15 ares 93 centiares. . . . .

Ladite concession sollicitée pour le service de la Société
des naufrages, dite Société Humaine . . . . . .

Société Humaine osèrent cela : leur confiance ne fut pas trompée. En trois reprises, le Conseil municipal vota une subvention de 9,000 fr., le département donna 2,000 fr., l'Etat accorda 200 francs.

MM. les ministres des chapelles anglaises firent un généreux appel à leurs communautés ; les sociétés Philharmonique, de la Fraternité et de la Concorde prêtèrent leurs concours ; la générosité publique fit le reste (1).

Ce succès demanda plusieurs années ; c'est en 1847 seulement que le Comité put se féliciter de voir la Société affranchie de toute obligation pécunière, par le solde du compte de l'entrepreneur, M. Crouy.

Or, nous ne sommes pas arrivés à cette année ; il faut revenir sur nos pas.

Le Comité se tenait au courant de toutes les inventions utiles et propageait les enseignements de la science.

Cours sur l'asphyxie, etc.

Afin que les asphyxiés pussent être utilement et promptement secourus, le Comité se proposa, en 1841, d'ouvrir un cours sur l'asphyxie, auquel devait être convié le personnel de ses agents et tous les hommes de bonne volonté.

Il distribua les instructions, publiées par la société de Londres et par le ministère de la Marine, sur les premiers soins à donner aux noyés en attendant l'arrivée du médecin ; mais son projet de cours sur l'asphyxie ne fut réalisé qu'en 1874, lors d'une conférence donnée par M. le docteur H. Cazin, leçon d'expérimentation dont les fruits ont été excellents.

En 1842, le Comité s'occupa d'un appareil inventé par

_____

(1) Voir à l'appendice le tableau des souscriptions, subventions, dons, etc.

le révérend M. Cobbold. dans le but d'aider les nageurs à se soutenir sur l'eau et à se maintenir longtemps et sans fatigue sur cet élément.

« Non seulement il est utile aux personnes exercées
» à l'art de la natation ; mais un individu quelconque,
» couvert de cet appareil, pourra impunément se jeter
» dans l'eau ; il ne pourra rester immergé. Comme un
» ballon, il s'élèvera presque instantanément à la sur-
» face de l'eau et restera dans une position verticale tout
» le temps qui sera nécessaire pour que des secours lui
» soient donnés. Les expériences faites ne laissent
» aucun doute à cet égard.»

Cet appareil devançait de trente-trois ans le *vêtement de flottaison*, dont le capitaine Boyton a révélé les merveilleux résultats lors des traversées du détroit.

Toute existence prolongée est une voie pavée de tom- beaux. La Société eut à déplorer plus d'une fois la perte de ses membres les plus zélés, les mieux aimés, et se fit un devoir, dans ses rapports annuels , de consigner l'expression de ses regrets.

On lit dans celui de 1842 :

« Nous avons à déplorer la mort de deux des fonda-
» teurs de notre Société, M. le contre-amiral baron
» Vattier et M. Gros, ancien magistrat. Nous ne
» pouvons oublier leurs vues philanthropiques, l'intérêt
» qu'ils portaient aux marins et tout leur zèle pour le
» bien public. »

La mort ou l'absence, autre sorte de mort pour les sociétés, renouvelaient seule le Comité dont les mem- bres étaient unis par les mêmes vues.

L'année précédente, en octobre, M. Hartwell, président, obligé de quitter Boulogne, avait dû se démettre de ses fonctions. Il avait présidé l'œuvre depuis la retraite de M. Larking. Il était du nombre des fondateurs et avait contribué à la prospérité de l'établissement.

M. Marguet, ingénieur en chef, appelé à le remplacer par le suffrage de ses collègues, présida le Comité de 1842 à 1853, pendant onze années qui marquèrent profondément dans l'histoire de la Société Humaine et furent signalés par la construction de la maison de secours et l'organisation plus complète du service des naufrages.

Surveillance de la plage de Capécure. En 1843, par suite de la grande augmentation des baigneurs à l'ouest du port, la Société se trouva dans la nécessité de placer trois surveillants à Châtillon ; on comprit l'utilité d'un local sur les lieux, muni de baignoires, lits et autres objets nécessaires pour donner des secours convenables.

Mais les ressources manquaient ; le projet n'est pas encore réalisé quoiqu'on ait obtenu la concession du terrain où doit s'élever la succursale de Capécure. Il faut plus de 30,000 fr. pour cet objet. Où les trouver ?

Projet d'une administration de sauvetages pour le littoral. Le 30 janvier 1843, le Comité, auquel s'était adjoint, M. Louis Fontaine, membre délégué de la Chambre de Commerce, délibérait sur le projet, soumis par le gouvernement, d'étendre l'action de la Société Humaine au littoral entier du quartier maritime en y comprenant Berck.

L'un des membres fit ressortir les difficultés d'un développement de surveillance pour lequel il fallait créer une administration de sauvetage avec une énorme responsabilité, sans qu'on eût les moyens assurés d'en remplir l'objet. La Société telle qu'elle est constituée s'épuiserait en vain à le tenter ; elle ne ferait que se mettre dans l'impuissance de bien remplir le but plus

restreint mais déjà bien onéreux qu'elle s'est proposée ;
elle travaillerait à sa propre ruine, suite inévitable de
toute tentative qui dépasserait ses forces.

Il semblait donc à ce membre que la Société ferait
acte de sagesse en déclinant les devoirs nouveaux qu'on
parlait de lui imposer.

L'idée était belle, digne de la sollicitude d'un gouvernement, mais c'était au gouvernement qu'il appartenait
de la mettre à exécution : lui seul avait autorité et
pouvoir pour créer une administration des naufrages
qui fait défaut.

Dans le cours de la discussion, un autre membre
déclara que si les sociétés humaines de l'Angleterre,
telles que celles de Douvres et de Ramsgate, n'ont pas
hésité à se charger du soin d'organiser des moyens de
sauvetage sur une assez grande étendue des côtes, c'est
qu'elles trouvent à leur disposition, outre des souscriptions plus abondantes, des ressources qu'aucune société
de ce genre ne peut avoir en France, et qu'elles puisent
dans la perception régulière de droits spéciaux sur les
navires fréquentant les ports.

Un autre membre ajouta que les considérations qui
précèdent et, en particulier, la comparaison des puis-
sants moyens d'action des sociétés anglaises avec les
ressources si bornées des sociétés du même genre
existant en France, conduisaient à cette solution, que
c'est au gouvernement — à lui qui centralise dans ses
mains tous les pouvoirs, ainsi que toutes les ressources
du pays, — qu'il appartient de doter toutes les côtes de
France de tous les moyens de secourir les naufragés ;
que c'est pour l'Etat un devoir impérieux de consacrer
à cet objet saint et sacré une faible partie des immenses
ressources dont il dispose : que son honneur même y

est intéressé : représentant de l'une des nations les plus
avancées et les plus riches du globe, il ne doit pas
vouloir qu'une grande étendue des côtes du pays
apparaisse à l'étranger presque aussi dénuée de moyens
de porter secours aux navires qui viennent s'y briser,
qu'elle l'était à l'époque des premiers temps de la civilisation ; enfin que dans l'état actuel des choses, en
assistant sans agir à des désastres comme ceux dont on
venait d'être témoin, ou en se bornant à faire appel à
des institutions de bienfaisance, impuissantes à faire
tant de choses, l'Etat semble abdiquer le plus impérieux
de ses devoirs.

Il fut dit encore que le Comité désirait depuis longtemps fonder un établissement modèle, que le gouvernement n'aurait plus qu'à étudier et à imiter lorsqu'il
se déterminerait à prendre l'initiative de créations
semblables sur d'autres parties de la côte ; que la Société
Humaine de Boulogne pouvait lui servir de conseil dans
cette circonstance ; qu'elle voulait s'instruire elle-même
et instruire le gouvernement de ce qui se pratique
ailleurs, et se tenir au courant de tous les efforts tentés
par les amis de l'humanité pour obtenir les résultats
les plus certains et les plus prompts.

Après discussion approfondie, l'assemblée s'arrêta à
un plan de réforme qui fut adressé aux ministres.

L'organisation de la côte ainsi que l'entretien devaient
se faire aux frais de l'Etat sous la direction de la Marine
et de la Douane, et sous l'autorité des préfets et sous-
préfets ; la surveillance des services était dévolue aux
sociétés humaines créées et à créer à l'instar de la nôtre,
à Montreuil, à St-Valery et à Abbeville.

La sollicitude des ministres de la Marine, du Commerce, des Finances et des Travaux publics fut éveillée,

dit-on, par ce plan de réforme ; on en attend toujours les résultats.

Depuis l'époque de l'établissement de la Société, le mouvement du port de Boulogne avait subi une révolution complète, non-seulement par l'augmentation de son commerce maritime, mais encore comme point principal de communication entre la France et l'Angleterre. Le nombre des passagers, en 1845, avait dépassé 80,000. Le passage de tous les autres ports de France réunis, n'arrivait pas à ce chiffre ; on prévoyait qu'il allait augmenter encore aussitôt que le chemin de fer de Paris à Boulogne serait ouvert.

Prospérité croissante de Boulogne comme port de passage

Pour pourvoir à la sûreté d'un si grand nombre de voyageurs et en même temps répandre la connaissance des moyens à employer pour sauver les submergés la Société n'avait pas hésité à adopter toutes les améliorations suggérées par l'expérience.

On avait organisé, dans la nouvelle maison récemment ouverte, et comme un puissant moyen d'émulation entre les inventeurs, une sorte de musée ou d'exposition permanente de tous les appareils en usage, ainsi que des modèles de radeaux et de bateaux de sauvetage de différentes constructions. On réunit également tous les ouvrages qui traitent de l'asphyxie, afin que les personnes désireuses de concourir au soulagement de leurs semblables pussent y puiser les notions les plus exactes.

Musée d'appareils.

L'idée de ce musée était due au digne M. A. Cruckshanks qui fut pendant quatorze ans le secrétaire de la Société, et consacra toute son énergie et sa persévérance à accomplir une tache que ses amis regardaient comme au-dessus de ses forces ; c'est à lui aussi qu'est due l'idée première de faire construire la maison de secours

Services rendus par M. A. Cruckshanks

et ses dépendances ; c'est en grande partie par ses demandes infatigables que les trente-quatre mille francs nécessaires ont été réalisés, et lorsque la mort vint faucher sa précieuse existence, le 28 août 1850, sa pensée suprême et consolante avait été d'avoir doté Boulogne, la ville de ses prédilections, d'un établissement modèle.

Constamment sur la brèche, homme d'initiative et de tenacité dans son zèle dévoué, on peut dire de lui qu'il fut le second fondateur de la Société. M. Larking avait créé la Société Humaine ; M. A. Cruckshanks organisa la Société des Naufrages.

Lorsque le Comité établira la table de marbre où les noms de ses bienfaiteurs ressortiront pour durer comme la pierre, il n'oubliera pas de placer en tête les noms de ces deux honorables gentlemen.

Les membres qui dirigeaient l'institution, en 1850, jugèrent qu'ils devaient perpétuer le souvenir de leur digne et dévoué secrétaire et décidèrent à l'unanimité que la salle des séances recevrait le nom de SALLE CRUCKSHANKS.

En 1861, lorsque Mlles Cruckshanks firent don du beau portrait de leur frère qui décore cette salle, le Comité, toujours reconnaissant des services rendus, déclara qu'il attachait le plus grand prix à cette peinture où il retrouvait les traits ressemblants d'un homme si utile.

CHAPITRE CINQUIÈME

DE 1846 A 1854.

Avec sa maison de secours, avec son matériel perfec- La Société Humaine est légalement reconnue. tionné augmenté en importance, la Société progressait ; elle ne subsistait toutefois que par tolérance.

Elle n'avait pas d'existence légale dans sa 21ᵉ année d'exercice ; malgré ses services nombreux, on n'avait pu encore la faire reconnaître comme un établissement utile.

Lorsqu'elle eut la majorité d'âge, une nouvelle instance fut faite auprès du gouvernement, et, par la lettre suivante, du 26 novembre 1846, M. le Ministre acquiesça enfin au vœu formulé tant de fois :

« J'apprécie sans peine l'utilité d'une association aussi
» éminemment philanthropique et dont tous les actes
» portent le cachet de l'humanité la plus désintéressée.
» Sa composition d'ailleurs, à en juger par la liste des
» membres du Comité de direction, ne peut manquer
» d'offrir des garanties.

« En conséquence, et les statuts que j'ai sous les yeux
» ne donnant lieu à aucune observation, j'autorise,
» comme vous le proposez, M. le Préfet, la Société
» Humaine et des Naufrages à se constituer légale-
» ment. »

Cette lettre est un certificat d'existence officielle ;

4

la Société ne l'avait pas attendue, heureusement, pour rendre les services dont on a pu se faire une idée dans les pages précédentes.

Radeau de Sauvetage de M. Reginald Hely.

M. Reginald Hely ayant inventé un nouveau radeau de sauvetage, établi sur des principes d'hydrostatique incontestables, traversa la Manche sur le véhicule qu'il nommait « *Hely's flexible floating Cylinders,* » et fut accueilli à son arrivée par la Société Humaine toujours empressée d'encourager les bonnes idées.

Mais on était au 11 juin 1848; les événements publics appelèrent bientôt l'attention sur d'autres sinistres plus funestes que ceux de la mer.

La France traversait un temps d'orages ; les meilleurs pilotes étaient préoccupés de lui faire éviter les écueils d'une démagogie effrénée. Pouvait-on alors s'intéresser longtemps aux efforts des amis de l'humanité qui cherchaient les moyens d'adoucir les malheurs causés par les tempêtes de l'Océan.

Pour rappeler l'attention publique sur la Société Humaine, il fallut l'un de ces événements qui font époque.

Naufrages de 1849.

Un sinistre bien déplorable eut lieu le 28 février 1849; ce triste événement a fourni l'occasion ou plutôt le prétexte de répandre des insinuations malveillantes contre l'institution, et de mettre en question la réalité des services qu'elle a rendus comme *Société des Naufrages.*

Par ce jour de grande tempête, plusieurs navires furent aperçus manœuvrant pour venir se réfugier à Boulogne. Le pilote Antoine Huret, qui était à la mer avec son bateau, offrit ses services à l'un d'eux, la *Liberté*, de Nantes, mais le capitaine ne les accepta pas. Huret, en se retirant, recommanda au capitaine de se maintenir

au vent et surtout de ne tenter l'entrée que vers une
heure. Malgré cet avis, on vit la *Liberté* arriver à onze
heures et se diriger vers l'entrée où ce navire ne pouvait encore trouver la profondeur d'eau suffisante, la mer
ne devant être pleine qu'à deux heures et demie. Le
résultat était inévitable : le navire talonna, passa sur
la jetée basse et vint échouer vis-à-vis le moulin Wibert.
Le canot de sauvetage mis à l'eau immédiatement, par
suite du remous et de la force du courant, après avoir
franchi les brisants, fut drossé par le courant vers la jetée
et ne put jamais approcher du navire naufragé. La
dernière tentative fut la plus malheureuse : le bateau
fut jeté contre les fermes, fracassé, et les braves gens
qui le montaient parvinrent à grand'peine à se sauver
à l'aide de ceux qui garnissaient la jetée.

Ne possédant alors qu'un seul canot, la Société ne put
renouveler les tentatives.

Pouvait-on l'accuser de cela ? Depuis 1845, elle ne
cessait d'en demander un second au gouvernement.
Celui qui lui avait été remis en 1834, et qu'elle avait fait
améliorer, prouvait ses excellentes qualités par ses
nombreux services. De 1834 à la fin de 1848, vingt-deux
naufrages avaient eu lieu et cent cinquante-huit personnes y avaient trouvé le suprême refuge.

Qu'on relise l'appel au gouvernement, en 1843, pour
l'établissement d'une administration des Naufrages, et
l'on verra que le Comité avait eu toute la prévoyance
désirable.

Si quatre hommes formant l'équipage entier de la
goëlette la *Liberté*, et trois sur cinq dont se composait
celui du lougre la *Henriette* (1), ont péri malgré les

(1) (Voir la liste des Sauvetages.)

efforts tentés pour les sauver, ce fut par suite de la mise hors de service de l'unique canot de sauvetage ; ce fut faute d'un second bateau réclamé en vain.

Don d'un canot par M. Richard Wallace.

Témoin ému de cette déplorable catastrophe, le noble philanthrope qui fut depuis créé Baronet par Sa Majesté Britannique et nommé Commandeur de la Légion d'Honneur par la France reconnaissante, M. Richard Wallace, préludant à ses grands actes de charité, résolut d'accomplir immédiatement ce que le gouvernement français aurait dû avoir fait ; il fit construire à ses frais par M. Lecerf, et donna le bateau qui porte son nom.

Le Conseil municipal remercie le généreux donateur.

Le 26 janvier 1850, le Conseil municipal de Boulogne, interprète de la reconnaissance publique envers ce généreux donateur, prit la délibération suivante :

« Monsieur le Maire fait connaître que M. Richard
» Wallace, qui habite la ville de Boulogne depuis quel-
» que temps, a donné de nombreuses preuves d'intérêt
» en faveur de la Société Humaine, et a même fait
» construire entièrement à ses frais un bateau de sau-
» vetage et un bâtiment dont manquait la maison de
» secours.

» Des sacrifices aussi considérables, de si éclatantes
» marques de sympathie, dit M. le Maire, sont connus
» et appréciés de la population toute entière chez
» laquelle ils ont fait naître les sentiments de la plus
» vive gratitude. Il propose au Conseil de se rendre
» l'organe de la ville de Boulogne, en exprimant à
» M. Richard Wallace toute la reconnaissance des habi-
» tants et des fonctionnaires appelés à les représenter.

Le Conseil associe les membres du Comité dans ses remerciements.

» Il émet en même temps le vœu que l'expression des
» mêmes sentiments soit adressée à MM. les membres
» de la Société Humaine, qui depuis de longues années

» consacrent leur temps et leurs soins à la direction
» d'un établissement qui a rendu à l'humanité de si
» précieux services et qui doit tous ses succès à leur
» zèle et à leur constante sollicitude.

» Ces diverses propositions sont adoptées à l'unani-
» mité. »

Certes, aucun des bienfaiteurs de la Société Humaine
ne l'a aussi libéralement dotée que Sir Richard Wallace,
et sa générosité a servi de stimulant.

Le Conseil municipal vota les fonds nécessaires pour Le Conseil donne un
la construction d'un autre bateau, qu'on nomma le troisième canot.
Georges Manby, dont les dimensions tiennent le milieu
entre celles du *Richard Wallace*, et celles de l'*Amiral
de Rosamel*, qui avait été réparé et lesté en fonte.

Une autre addition au matériel provint de la part du Don de M. G. Manby.
Capt. G. W. Manby, le vétéran des sauvetages, qui s'est
fait une réputation européenne par son dévouement à la
cause de l'humanité. Il fit don à la Société de la somme
de £29 pour l'acquisition d'un mortier et d'un appareil
de son invention, à l'aide desquels beaucoup de naufragés ont été sauvés sur les côtes de l'Angleterre.

En 1850, l'état financier était en déficit. L'arriéré de
1849 était de 4,258 fr. 09 c., et les dépenses de 1850
montèrent à 5,815 fr. 49 c.

Il fallut un appel chaleureux à la charité publique. Appel à tous.
On frappa à toutes les portes.
L'Etat ne donna rien.

Le Pas-de-Calais étant le passage obligé de presque
tous les navires de commerce du monde, on crut pouvoir
s'adresser aux agents consulaires de toutes les nations
maritimes, les priant de faire des démarches auprès des
gouvernements qu'ils représentent, dans l'espoir que
quelqu'une de ces puissances serait disposée à suivre

l'exemple de la Belgique, dont le ministère des affaires étrangères accordait, depuis 1844, une subvention annuelle de 50 fr. L'appel n'eut aucun effet.

On s'adressa aussi aux agents des différentes compagnies d'assurances maritimes chez lesquelles on s'attendait à trouver des sympathies, attendu qu'il y a entre elles et la Société Humaine similitude de but, l'allègement des désastres de mer. On reçut du *Comité des assureurs maritimes de Paris*, 100 fr., et de M. Aug. Morel, chef du bureau *Integritas*, 25 fr.

Les élèves des pensionnats des deux sexes, étant l'objet d'une surveillance et d'une sollicitude incessante pendant les bains, on pria les chefs d'institution de provoquer des souscriptions.

On reçut 135 fr. des élèves du collége, et 12 fr. de ceux de M. Blériot.

On tenta de donner une fête aux Tintelleries le jour des Courses. Le temps devint inclément et ce projet qui promettait de fournir les moyens de solder le passif n'aurait fait que l'augmenter si l'auteur du projet de fête, et l'un de ses plus zélés ordonnateurs, n'avaient absolument voulu supporter personnellement les pertes.

Cet échec eut cela de bon qu'il attira l'attention publique sur les efforts tentés. Une grande artiste et diverses sociétés locales vinrent en aide.

La Société Philharmonique, avecle concours de Mme Sontag, organisa un concert qui produisit 2,000 fr.

Des sermons furent prêchés dans trois ou quatre chapelles anglaises protestantes, et les collectes, provoquées ainsi, réalisèrent la somme de 1,234 fr. 85 c.

L'élan une fois donné, de nouvelles marques de sympathie arrivèrent de tous côtés : la compagnie des sapeurs-pompiers offrit l'excédant de l'une de ses fêtes, des amateurs anglais donnèrent une représentation au théâtre qui rapporta 600 fr. : toutes ces largesses ajoutées aux subventions et aux souscriptions mirent à même de combler le déficit.

En 1855, même concours du zèle évangélique des révérends ministres du culte protestant, même concours des sociétés d'agréments, de la musique la *Fraternité*, etc.

Il fallait encore de l'argent pour un hangar récemment construit, où l'on remisait les deux canots de sauvetage et le canot de surveillance, et pour réparer le mur de clôture, en ruine depuis l'éboulement de la Falaise. On trouva cet argent, on en trouvera toujours.

On voit que le Comité eut constamment raison de compter sur la générosité publique. Le public apprécie ses appels au nom de l'humanité en péril, au nom de victimes au sauvetage desquelles le donateur s'associe en fournissant le nerf des secours, l'argent indispensable pour accomplir le bien.

La Société trouvait également un concours dévoué parmi les médecins de la ville : « En terminant, lisons-nous dans le rapport de 1854, nous devons adresser nos éloges les plus chaleureux et nos plus sincères remerciements à MM. les docteurs Livois, Guerlain, B. Lucas et Perrochaud, pour le généreux concours qu'ils nous prêtent en toutes circonstances. Notre compatriote, M. le docteur Livois, qui a depuis peu quitté Paris pour venir se fixer à Boulogne, mérite surtout une mention toute particulière, et nous pourrions difficilement indiquer, parmi les événements de cette année, un sinistre qui ne l'ait trouvé chez nous, prodiguant aux personnes amenées à la maison de secours les soins les plus empressés et les ressources de sa haute intelligence bien connue.... »

Remerciements aux docteurs Livois, Guerlain, Lucas et Perrochaud.

CHAPITRE SIXIÈME

—

DE 1854 A 1866.

La Société patronnée par Napoléon III et S. G. le duc de Northumberland.
Lorsque, grâces à la générosité de ses bienfaiteurs et de ses souscripteurs fidèles, la Société Humaine fut pourvue de trois bateaux de sauvetage, d'une collection d'appareils porte-amarres, d'ustensiles divers d'assistance ; lorsque sa maison de secours, fut outillée pour répondre à tous les besoins; lorsqu'en un mot ses services furent à la hauteur des progrès apportés par les inventions nouvelles, elle put se faire recommander auprès des souverains et réclamer leur patronage.

En 1854, lors de son séjour à Boulogne, l'empereur Napoléon III accepta le titre de protecteur ; en 1857, Sa Grâce le duc de Northumberland voulut bien agréer le titre de vice-protecteur.

J. M. Tétard, membre de la Légion d'Honneur.
L'année 1857 avait été signalée par les sauvetages heureux des équipages du brick le *Ninus* et du chasse-marée *la Marie*. Quatorze hommes avaient été sauvés d'une mort certaine. A la suite de ces naufrages, le pilote Jean-Marie Tétard, médaillé plusieurs fois, et qui s'était signalé en tant d'occasions, fut décoré de l'ordre de la Légion d'Honneur, distinction que Pierre Hénin avait obtenue à la suite du naufrage de l'*Amphitrite*.

Il y a une vive satisfaction à citer ces intrépides et méritants enfants de Boulogne, qui ont si dignement conquis l'étoile des braves.

Le rapport de 1859 consigne « l'expression de la très-vive gratitude du Comité de Direction envers MM. Bourgois père et fils, pour les bienveillantes dispositions qu'ils témoignent en toutes circonstances à la Société. A la moindre réquisition, dans le moment du besoin, leurs chevaux et leurs hommes, sous leur direction personnelle, sont mis à la disposition de la Société avec autant d'empressement que de louable désintéressement.» Remerciments à MM. Bourgois.

Ce qui était dit de MM. Bourgois en 1859, a pu toujours être redit dans les années suivantes, car jamais leur sympathie n'a fait défaut à l'œuvre humanitaire à laquelle ils ont aidé tant de fois.

En 1862, le Comité décerna une médaille d'argent grand module, à M. le docteur Guerlain, « dont le nom figure sur presque chaque rapport pour services rendus à la Société depuis de nombreuses années. » Médaille décernée au Dr Guerlain.

Il félicita à nouveau le docteur Livois pour son concours bienveillant.

En 1863, son président, M. A. Duchesne, promu au titre de commissaire de Marine à Brest, dut résigner les fonctions de président qu'il remplissait avec distinction depuis le 3 février 1859, époque à laquelle il succéda à M. A. Auger, ancien commissaire de Marine à Boulogne. M. A. Duchesne.

A la même époque, M. le capitaine F. Delattre, secrétaire, obéissant à d'impérieuses raisons de santé, quittait aussi la Société après avoir, pendant seize ans, pris une part active et dévouée aux travaux du Comité.

Le titre de membre honoraire décerné à M. F. Delattre fut le témoignage de la haute estime de ses collègues et des regrets qu'entraînait sa démission. M. Delattre, membre honoraire.

Un projet dont on espéra beaucoup fut réalisé en 1864.

S'il est indispensable de posséder un matériel en

rapport avec les exigences ordinaires et extraordinaires
de l'œuvre, il importe également qu'on puisse l'employer
promptement lors des événements qui rendent sa mise
en œuvre nécessaire.

Construction du Slip-Way.

On crut pouvoir remédier aux inconvénients et aux
difficultés du lancement des bateaux à la mer sur les
plages, en construisant le *Slip-Way*, invention qui fait
grand honneur à M. Edouard de Poilly, conducteur des
Ponts-et-Chaussées.

Une somme de 9,300 fr. fut consacrée à construire le
charriot-automoteur et son hangar-remise. Rien de
plus ingénieux que le système de bascule qui maintient
toujours le canot dans la position horizontale jusqu'à
son entrée dans l'eau, en lui faisant descendre un
chemin de 7 à 10 mètres, selon la hauteur de la marée.

On avait donc les canots, on avait le charriot-automoteur. — Que fallait-il de plus ? — Des équipages
organisés sur lesquels on pût compter.

Compagnie de marins sauveteurs.

Jusqu'ici ces équipages ne se sont recrutés que parmi
les hommes de bonne volonté, marins ou non marins,
parmi les intrépides que le danger n'éloigne pas. Mais
toujours on a pu craindre qu'en telle occasion ces
volontaires feraient défaut. Or, en 1864, il fut question
à Boulogne d'une compagnie de marins sauveteurs
fondée par l'initiative du commissaire de l'Inscription
Maritime. La compagnie devait comprendre cent
membres, enrôlés volontairement et obéissant à des
chefs élus ; elle était appelée à devenir l'auxiliaire directe
de la Société Humaine. On élabora des statuts qui
furent soumis à l'autorité supérieure, laquelle, malheureusement, ayant projeté de l'affilier à la Société
Centrale des Sauvetages, fondée en 1865, à Paris,
refroidit le zèle des promoteurs, qui voulaient rester
indépendants.

C'était une excellente idée qui sera peut-être reprise un jour. Elle est nécessaire.

On en eut la preuve lors du naufrage du brick anglais, *May-Flower*, arrivé le 21 septembre 1866. Naufrage du *May-Flower*.

Lorsque la cloche d'alarme fit connaître le sinistre, on prépara aussitôt le lancement du principal canot remisé sur le *Slip-Way*.

Il y avait sur la jetée un certain nombre de personnes; des appels pressants leur furent adressés par l'un des membres de notre Société qui s'était transporté sur le lieu du sinistre pour les déterminer à s'embarquer, mais en présence du mauvais état de la mer, elles refusèrent. Après une attente beaucoup trop longue en raison de la gravité des circonstances, le capitaine anglais Wilson et six marins de l'équipage du paquebot *Cologne*, placé sous son commandement, ainsi qu'un gentilhomme de la même nation, M. F. Moosley, se présentèrent; le capitaine Lefort, maître de port, consentit à prendre le commandement du bateau; et ces huit hommes résolus et dévoués partirent pour tenter le sauvetage. Lorsqu'ils furent sortis du port, avec autant d'habileté que de bonheur, ils allèrent au navire par le travers. En l'approchant, le capitaine Lefort héla l'équipage; mais la mer et la tempête seules lui répondirent; aucune voix ne parvint jusqu'à lui; et il en conclut que les naufragés avaient été engloutis ou avaient abandonné le bâtiment. Dans ces conditions, le bateau regagna la plage où il ne tarda pas à s'échouer.

A minuit, on ramassa à la côte le cadavre d'un marin. Vers 1 heure 1/2, on retrouva encore deux hommes. L'un ne donnait plus signe de vie et on essaya vainement sur lui tous les secours de la science. L'autre était dans une position grave, mais non désespérée, et les soins qui lui furent prodigués par M. le docteur Livois, Maire de Boulogne, le rappelèrent bientôt à lui-même. On apprit de lui que l'équipage en détresse s'était cramponné aux débris des mâts abattus ; qu'il avait bien aperçu le bateau de sauvetage, mais qu'il n'avait pas pu se faire entendre. Le matin, vers 6 heures, on apporta un troisième cadavre, qui, avec les deux autres, fut porté à l'hospice. Le corps du mousse seul n'a pas été retrouvé.

La Société est toujours prête pour secourir les naufragés.

Malgré l'insuccès de sa tentative, la Société Humaine peut se rendre la justice d'avoir, en cette occasion douloureuse, rempli son devoir. Son matériel de sauvetage était préparé, le bateau, installé sur le *Slip-Way*, a pu, en trois minutes, être mis à la mer, malgré la rudesse du temps, et les naufragés transportés à la maison de refuge y ont été traités de la manière la plus convenable ; l'un d'eux a été rendu à la vie. Si le personnel nécessaire pour monter le bateau de sauvetage s'est fait attendre, ce fait, qui d'ailleurs n'a eu aucune influence sur l'opération elle-même, ne saurait lui être imputé. Tout le monde sait que la Société n'a pas à ses ordres un personnel spécial ; qu'elle n'a aucun droit pour requérir les marins ou quelqu'autre classe de la population, et qu'enfin c'est à l'autorité maritime seule qu'appartient le droit exclusif de diriger et d'organiser le service des naufrages toutes les fois qu'un sinistre se produit sur le littoral de France. Or, il ne faut pas l'oublier, c'est un des fonctionnaires de l'administration maritime, M. Lefort, maître de port, capitaine au long-cours, qui a conduit le bateau à la mer ; et, sans cette circonstance, vraiment fatale que le vent et le bruit des vagues en fureur ont couvert ou intercepté la voix des naufragés, on peut assurer que l'équipage eût été entièrement sauvé.

Cependant, des polémiques s'étaient engagées dans les

journaux français et anglais à la suite de ce malheur. Le Comité, pour éviter à l'avenir toute espèce de malentendu, voulut définir et délimiter nettement quelle était sa mission dans les naufrages. Voici la lettre qu'à cet effet, M. Louis Fontaine, président, crut devoir adresser aux diverses administrations et qui a été rendue publique, le 5 novembre 1866 :

Le naufrage du brick anglais, *May-Flower,* sur la plage Est du port de Boulogne, a provoqué dans le public, de l'un comme de l'autre côté du détroit, une profonde et légitime sensation. Ce n'est pas seulement parce que cinq hommes appartenant à l'équipage de ce bâtiment ont été engloutis par la tempête, dans la nuit du 21 Septembre, que l'opinion s'est émue : il est de fatales catastrophes que la volonté de l'homme est impuissante à prévenir et dont elle ne saurait arrêter les conséquences. Mais un fait particulièrement grave s'est produit dans ce sinistre. Au moment où le bateau de sauvetage remisé sous le hangar construit le long de la jetée Est était disposé pour être lancé à la mer, il ne s'est pas trouvé un marin français pour le monter. Fort heureusement, un maître de port, M. Lefort, ancien capitaine au long-cours, qui était de service, et quelques Anglais parmi lesquels était le capitaine d'un paquebot de la Compagnie Générale de Navigation, se présentèrent ; et le bateau, pourvu d'un équipage incomplet mais courageux, put sortir du port pour tenter de secourir, s'il en était temps encore, les matelots restés à bord du *May-Flower.*

Quelqu'irréprochable qu'ait été dans ce triste évènement la conduite de la Société Humaine de Boulogne, on a cherché à la mettre en cause ; on l'a accusée d'avoir manqué à son devoir parce qu'il ne s'est pas rencontré d'équipage spécial tout prêt à s'embarquer immédiatement sur le bateau de sauvetage ; on a essayé de faire peser sur elle la responsabilité d'une lacune qu'il ne dépend pas de son bon vouloir de faire cesser.

Le Comité que j'ai l'honneur de présider a été sensible à des accusations dont l'injustice blesse cruellement tous ses sentiments de philanthropie et de dévouement aux intérêts publics ; il ne peut les attribuer à un esprit d'hostilité qui, évidemment, ne saurait exister à l'égard d'une institution

Lettre du 5 Novembre 1866, définissant la mission du Comité et ses devoirs.

éminemment utile qui, depuis quarante ans, a rendu des
services incessants à l'humanité ; et il est convaincu que les
attaques dont cette Société a été l'objet, de la part d'un
certain nombre de personnes, ne se seraient pas manifestées
si on s'était exactement rappelé le caractère qu'elle a toujours
eu, la mission qu'elle s'est imposée.

Il importe cependant de ne pas entretenir une erreur qui,
en se propageant, pourrait à la longue porter une atteinte
sérieuse et peut-être irréparable au crédit et à la réputation
de la Société Humaine de Boulogne ; et c'est dans ce but que
le Comité d'administration a décidé, dans sa dernière séance,
qu'il ferait officiellement connaître aux autorités compétentes
la nature comme la limite des obligations qu'il a acceptées, en
ce qui concerne les naufrages.

Notre Société a successivement acquis, au moyen des cotisations de ses membres, des souscriptions et collectes organi-
sées en sa faveur et des libéralités de la ville de Boulogne,
du département du Pas-de-Calais et du Chef de l'Etat, son
auguste protecteur, des bateaux de sauvetage et des canots de
service en nombre suffisant pour parer à toutes les éventualités
que les sinistres maritimes peuvent faire surgir dans nos
parages. Elle n'a épargné aucun sacrifice pour que ces constructions fussent établies dans les meilleures conditions de solidité
possibles ; elle y a apporté tous les perfectionnements jusqu'ici
recommandés par l'expérience. Les appareils, les instruments,
les objets de toute sorte reconnus nécessaires pour le gréement
des embarcations, leur armement, l'équipement même des
hommes appelés à les monter, se trouvent réunis dans ses
magasins. Pour que ces moyens de secours fussent à proximité
immédiate de la mer, la Société a élevé à l'entrée de la plage
Est, sur la grève, un bâtiment où un bateau de sauvetage,
monté sur charriot afin de pouvoir être rapidement traîné
jusqu'au milieu des flots, et muni de tous ses agrès et ustensiles, est constamment gardé en état d'être mis à l'eau. Elle a
fait plus. Frappée de cette considération que souvent cette
dernière opération entraînait des difficultés et des lenteurs
qui pouvaient rendre trop tardifs les plus nobles efforts, elle
a réalisé le long de la jetée Est une installation plus parfaite
que toutes celles du même genre actuellement existantes et
qui permet de lancer à l'eau, par tous les temps, en moins de
cinq minutes, un bateau de sauvetage habituellement abrité

sous hangar. Enfin, elle vient d'achever, de l'autre côté du port, sur la plage Ouest, une remise dans laquelle sera placé un troisième bateau de sauvetage, toujours également prêt à prendre la mer. A cette énumération, il faut ajouter les ressources de toutes espèces que l'organisation de la maison de refuge offre dans les naufrages pour le traitement des personnes ramenées à terre, asphyxiées ou malades.

On peut, sans craindre d'être démenti, affirmer qu'à cette heure il n'y a pas en France d'institution qui possède, le long de nos côtes, un matériel de sauvetage aussi complet que celui de la Société Humaine de Boulogne-sur-mer.

Ce matériel, la Société l'a créé à ses frais ; elle le répare, l'entretient et le renouvelle toutes les fois qu'il en est besoin ; elle est heureuse de pouvoir ainsi donner à l'autorité maritime tous les moyens d'action désirables dans les naufrages.

C'est en effet à cette autorité qu'appartient la direction des secours lorsqu'un sinistre se produit sur nos rivages. La mission de notre Société consiste à mettre, d'une manière permanente, à sa disposition, tout le matériel de secours qu'elle peut réclamer. Ses obligations ne sauraient aller au-delà. Elle n'a, ni sous la main, ni sous ses ordres, le personnel sur lequel cette autorité peut exercer une action légale ; elle n'a pas le droit de le requérir ; elle n'a pas le pouvoir de le commander. Dès qu'un navire est en péril, l'administration maritime, depuis longtemps d'ailleurs instruite des résolutions de notre Société à ce sujet, s'empare du matériel tenu à sa merci dans des magasins dont les clefs lui ont été remises ; et seule, elle avise, dans sa sagesse et sa force, aux mesures à prendre pour la formation des équipages, le lancement des bateaux et la distribution des secours.

Telle est la ligne de conduite que notre Société s'est toujours tracée et qu'elle est déterminée à suivre, comme par le passé. En confirmant ces principes, elle a en vue de mettre une fois de plus à la disposition de l'autorité maritime, pour être employés dans les naufrages, tous les moyens d'action qu'elle a réunis et dont elle conserve l'entretien à sa charge ; et elle veut par là même préciser définitivement le caractère de ses devoirs pour que l'on sache bien avec quelle sollicitude elle les a remplis jusqu'ici et continuera de les remplir. C'est à cette condition seulement qu'on évitera désormais de lui imputer la responsabilité d'un état de choses tout à fait en dehors d'elle et qu'il n'est pas en son pouvoir de modifier.....

Nous avons cru devoir reproduire cette lettre, parce que la mission de la Société Humaine y est définie et caractérisée. Le Comité doit se borner et se borne à fournir les moyens de sauvetage (1) que l'autorité maritime, seule, peut mettre en usage.

Cette déclaration formelle préviendra toute méprise et toute erreur nouvelles.

(1) En preuve de sa sollicitude à préparer les moyens de sauvetage, on pourrait citer sa délibération du 5 mars 1858. Le Comité se réunit, ce jour-là, en séance extraordinaire pour opérer (de concert avec M. Peake, *master shipwright of H. M's Dockyard, Woolwich*, inventeur d'un puissant procédé d'insubmersibilité) des épreuves sur l'une des embarcations modifiée au moyen de ce système.

Les épreuves eurent lieu à la satisfaction générale.

La Société avait résolu ainsi le problème de posséder un canot ayant toutes les meilleures qualités connues alors, et elle le devait à la bienveillante sympathie du duc de Northumberland, président de la *Royal National Life-Boat Institution, Angleterre*, qui avait bien voulu envoyer, aux frais de cette société, M. le Capt. Ward et M. Peak, pour inspecter le matériel et pour surveiller la transformation jugée nécessaire de l'un des canots.

CHAPITRE SEPTIÈME.

DE 1867 A 1869.

Si nous nous arrêtons sur les naufrages qui ont laissé Les leçons du mal-
heur. des victimes, il ne faut pas oublier que la Société a eu fréquemment le bonheur de réussir à sauver des équipages entiers (1). Ces sauvetages heureux furent fréquents, et consolèrent les belles âmes lorsque l'ouragan régnait sur nos côtes ; mais comme il y a toujours une leçon au fond de chaque malheur, nous avons rappelé les sinistres douloureux afin d'en extraire cette leçon.

Ce qui a manqué souvent, c'est l'équipage entendu, exercé, marchant avec ensemble vers le même but.

Quant au dévouement, on l'a rencontré sans cesse.

En est-il de plus beau que celui qui coûta la vie au Naufrage de l'Only-
Son : Dévouement
du capitaine Har-
dy et du pilote
Ribeaux. maître de port Hardy et au pilote Ribeaux, le 27 décembre 1868, lors du naufrage de l'*Only-Son* !

De tous côtés, les secours les plus empressés s'efforçaient d'arracher à la mort l'équipage du bâtiment anglais.

Neuf citoyens osèrent affronter courageusement le péril, afin d'essayer d'un nouveau moyen de salut par l'emploi du canot de sauvetage installé sur le *Slip-Way* de la jetée.

Mais, arrivé à une faible distance de la goëlette nau-

___

(1) Voir à l'appendice la liste des sauvetages.

5

fragée, un coup de mer fit chavirer le canot et tous ceux qui le montaient furent précipités dans les flots.

Le capitaine Hardy, dont le dévouement exemplaire avait entraîné la plupart de ses intrépides compagnons de sauvetage, et le pilote Ribeaux, dont l'énergie avait puissamment contribué à l'organisation spontanée de cette périlleuse entreprise, trouvèrent la mort au moment où ils allaient peut-être parvenir au canot menacé.

Une heure plus tard, l'équipage était sauvé, au moyen d'un va-et-vient, établi sous la direction de M. Edward Bearman, second du paquebot anglais *Léopard*. Dès que la communication fut faite, M. Edward Bearman se rendit à bord de l'*Only-Son*, afin d'assister les naufragés épuisés par le froid et sans forces pour se sauver.

Le sort du capitaine Hardy et du pilote Ribeaux, qui succombèrent au champ d'honneur du marin, excita l'émotion la plus vive.

Sur la tombe que leur fit ériger la Ville, une inscription commémorative rappelle sommairement leur beau trépas.

Naufrage de la *Josephina*. L'année 1869 vit encore d'autres sinistres dans lesquels la Société Humaine eut l'inestimable bonheur d'enlever au péril le plus menaçant les équipages de la *Bonne Mère*, de Nantes, et de la *Josephina*, brick anglais.

Le dernier sauvetage fut singulièrement émouvant. Le soir où la *Josephina* vint s'échouer vers Châtillon, on fit en vain plusieurs tentatives pour lancer les canots à son secours. Celui qu'on appelait l'*Amiral de Rosamel* y reçut les graves blessures qui déterminèrent sa mort le lendemain. Quand la nuit sombre et lugubre ajouta son obscurité aux dangers d'une mer violente, les voyages vers un navire couché, à travers les brisans et les écueils de la Roche-Bernard, furent déclarés impossibles. Chacun eut l'inquiétude que cette impossibilité ne devînt l'arrêt de mort de l'équipage réfugié dans les haubans : le moindre effort des vagues devait engloutir les hommes avec le bâtiment déjà submergé jusqu'au pont.

On ne saurait dépeindre la joie de notre population émue, lorsqu'au jour naissant on reconnut que le mât de misaine, où s'était accochée la grappe humaine, les neuf naufragés, avait résisté. A cette vue, qui rappelait les angoisses infinies que ces malheureux avaient dû supporter pendant une nuit d'agonie, l'ardeur au sauvetage, la confiance dans le succès de nouvelles tentatives, guidèrent ceux qui volèrent à leur secours et qui purent enfin ramener à terre un équipage aussi éprouvé.

Les êtres collectifs, qu'on appelle des sociétés, éprouvent les vicissitudes des familles dont on voit disparaître tour à tour, sous les coups de la mort, les membres les mieux aimés.

Seul des membres fondateurs, le vénérable M. Alexandre Adam survit dans sa forte et utile vieillesse aux collègues qui l'aidèrent à créer la Société Humaine, comme il est resté le seul membre fondateur de la Chambre de Commerce et des nombreuses institutions qui lui ont dû et leur naissance et la continuité de leurs bonnes traditions.

M. Alexandre Adam, l'un des fondateurs de la Société.

La Société Humaine est fière de compter parmi les siens l'éminent Boulonnais, l'administrateur hors ligne, le magistrat-citoyen à qui Boulogne doit tant ; qui eut l'honneur et le bonheur de lui donner la plus forte impulsion à l'heure décisive d'où pouvait dépendre son avenir ; qui l'a doté des relations maritimes et des communications rapides par les paquebots et la voie de fer d'Amiens à Boulogne ; dont l'initiative est marquée partout.

En effet, ne voyons-nous pas, pendant notre siècle, soit lui, soit les siens, constamment occupés de la prospérité de notre Ville dans toutes les branches administratives et commerciales où les services rendus parlent plus haut que l'ingratitude ordinaire du pays qui les reçoit.

Les maires de Boulogne qui l'ont précédé ou suivi au pouvoir municipal, depuis 1825 jusqu'à l'heure actuelle, ont étendu la sollicitude la plus vive sur l'œuvre de secours maritimes et balnéaires.

Mort de M. Louis Fontaine.

Parmi ces magistrats, M. Louis Fontaine appartint plus directement à la Société Humaine par ses titres de membre titulaire et de président du Comité. Il avait été nommé en 1863, porté la même année à la présidence qu'il conserva jusqu'à sa mort arrivée le 18 juillet 1869. Il se fit aimer et estimer de tous ses collègues par la droiture remarquable et la parfaite urbanité qu'il apporta dans tous ses actes et dans toutes ses paroles ; le témoignage de cette respectueuse sympathie est exprimé en ces termes, dans le rapport annuel pour 1869 :

« Dans ses dernières années, bien qu'ayant, par le
» besoin de repos, renoncé en grande partie aux affaires
» publiques, il était demeuré fidèlement attaché à notre
» Société et continuait à la servir avec un dévouement
» absolu. Il s'est, pour ainsi dire, éteint parmi nous,
» nous laissant l'exemple de sentiments admirables de
» charité et de philanthropie. Il a fait plus ; il a voulu
» se placer au rang des bienfaiteurs de notre institution,
» et, par son testament, il lui a légué une somme de dix
» mille francs que la Société devra employer suivant
» les intentions connues du donateur.»

Les exemples sont fréquents des coupes réglées de la mort qui semble par instants faucher, dans les sociétés comme dans les familles, avec une persistante cruauté. Coup sur coup et d'année en année, la Société Humaine a été frappée dans ses membres.

Le 22 octobre 1871, c'était M. Robert Sauvage qui Autres pertes. depuis 1847 participait à ses travaux.

Deux mois après, l'honorable Colonel Handcock, membre du Comité, suivait M. Robert Sauvage dans la tombe.

En 1872, le 8 mai, ce fut M. Achille Adam, doyen M. Achille Adam. des administrateurs. Presque à la veille de sa mort, il assistait encore aux séances mensuelles ; il allait commencer la quarante-troisième année d'exercice lorsqu'il succomba.

Ancien vice-président de la Société, resté son trésorier jusqu'à son décès, M. Achille Adam avait obtenu une distinction très-rare : il avait été nommé membre honoraire de la *Royal Humane Society* de Londres, titre que peu de Français ont porté avec lui.

Il ne nous appartient pas de faire ressortir ici les services qu'il rendit à sa ville natale comme président de la Chambre de commerce, de la Société d'Agriculture, etc.: Boulogne ne l'a pas oublié. M. Achille Adam a pris place parmi les fils dont elle garde un souvenir reconnaissant.

Frappée dans ses administrateurs, la Société Hu- La Société répond toujours: Présente. maine n'en répond pas moins aux jours du danger : *Présente*! Elle se renouvelle, elle survit, elle est toujours prête à tout appel de secours. C'est son devoir et sa mission : elle n'y faillira pas plus dans l'avenir qu'elle n'y a failli dans le passé.

Dans cette association, on dirait que l'attrait du bien se développe dans les âmes avec les occasions de servir ses semblables.

Jamais elle n'a faibli ; chaque année lui apporta de nouveaux éléments de force. et nous la voyons actuellement à la tête, comme elle le fut jusqu'ici, des institutions créées à son exemple.

Bien plus, on peut assurer, sans redouter d'être taxé de mensonge, qu'elle n'a jamais présenté une consistance plus entière, un ensemble mieux coordonné, ni de moyens plus assurés pour l'assistance des noyés, qu'à l'époque de la cinquantième année de son existence où elle est arrivée.

Elle doit cela à ses administrateurs dévoués que l'émulation dirige, pour qui les traditions des prédécesseurs sont un stimulant à faire mieux encore, et de mieux en mieux toujours.

Non-seulement ces administrateurs paient de leur temps, de leur personne, mais encore ils tiennent à honneur de figurer, par leur cotisation annuelle, à la tête des souscripteurs bienveillants.

Ne demandez point quel est le promoteur d'une amélioration essentielle décidée par eux tous? Ils cachent leur individualité sous leur collectivité, et le public n'apprend qu'une chose, c'est que le Comité agit. Admirable modestie de ces hommes dévoués : Ils désirent qu'on donne la louange à l'institution, jamais à eux-mêmes.

CHAPITRE HUITIÈME.

———

DE 1870 A 1875.

L'auteur a dû résister au Comité qui désirait que le récit s'arrêtât au décès de M. Louis Fontaine, afin que les travaux de ses membres actuels restassent dans l'ombre. Cela aurait été injuste, et j'ai tenu essentiellement à dire toute la vérité.

A la mort de M. Fontaine, les suffrages de ses collè- M. Lonquéty aîné, gues furent unanimes pour porter M. P. Lonquéty aîné président. à la présidence. On peut dire hautement que, sous aucun de ses prédécesseurs, la Société n'a vu se développer davantage ses ressources.

Lorsque dans les siècles passés, les religieux parcouraient le monde en quêtant pour leurs monastères, ils ne pouvaient mettre plus d'âme, plus de communicative onction dans leurs demandes que M. P. Lonquéty n'en dépensa en sollicitant les âmes généreuses en faveur de l'œuvre qu'il préside avec tant de sollicitude. Il a su trouver des accents irrésistibles. On ne lui refusa jamais; il a augmenté chaque année le nombre des amis et des bienfaiteurs.

Il faut ajouter qu'il a été secondé par un Comité où Les travaux du Co- se rencontrent les plus zélés amis de l'humanité. mité actuel.

Aussi les dernières années écoulées sont-elles marquées par des améliorations et des agrandissements, dont nous résumerons en quelques lignes les plus importantes parties.

Achat du beau canot, le *Louis Fontaine* ;

Introduction, par l'initiative de M. Ch. Delahodde, membre honoraire, de l'usage des Gaffes-Legrand, des Lignes-Brunel, qui ont rendu tant de services en sauvant les malheureux tombés dans le port et dans le bassin ;

Acquisition d'un quatrième canot de sauvetage, le *Frédéric Sauvage* ;

Acquisition d'un *Life-boat transporting carriage* ;

Acquisition de la voiture-ambulance ;

Etablissement de la chaine amarrée sur la plage Est, pour établir un *va-et-vient*, etc , etc.

Ces faits sont encore trop récents pour être sortis de la mémoire du lecteur. Ils ont été l'objet de rapports spéciaux depuis 1870 ; il n'y a donc pas lieu de s'y arrêter longuement.

La cinquantième année de l'existence de la Société devait être signalée par les traversées phénoménales de la Manche.

Traversées de la Manche. Le capitaine Boyton, au moyen de son vêtement de flottaison, et le capitaine Webb, sans rien qui pût le maintenir à flot, firent à la nage le même trajet avec une prodigieuse énergie.

Premier voyage du capitaine Boyton. Ce fut le 10 avril 1875 que le capitaine Boyton entreprit sa première expérience.

Il partit de Douvres le samedi 10 avril, à 3 heures du matin, et sortit de l'eau à 5 heures 15 minutes du soir, quinze heures après s'y être mis. Lorsque son vêtement flotteur fut ôté, il était parfaitement calme et dispos, et ne trahissait aucun symptôme d'épuisement. Son médecin fut d'avis qu'il aurait pu continuer ses efforts pendant au moins encore six heures. Ce n'avait été que sur les instances des personnes qui suivaient son expérience dans le paquebot le *Rambler*, qu'il consentit à monter dans ce navire, quoiqu'à regret, car il avait la conviction de pouvoir attérir en France, dont il n'était du reste éloigné que de trois ou quatre milles environ.

Arrivé à Boulogne, vers huit heures, il fut reçu par M. Lonquéty aîné, président de la Société Humaine, entouré de ses collègues et d'une foule considérable qu'avait attirée cet événement, unique jusque là dans les fastes de la Marine.

Le lundi 12 avril, à deux heures de relevée, dans une assemblée extraordinaire du Comité de la Société Humaine à laquelle furent conviées plusieurs personnes de distinction, M. Boyton fit la relation de son voyage, entendit le rapport du pilote Méquin qui l'avait accomgné, écouta les observations de plusieurs assistants, et les rapports des docteurs Livois et Ovion. Procès-verbal de cette assemblée fut obligeamment dressé par M. V. J. Vaillant : la Société Humaine a fait publier ce document avec les rapports et dires précités et autres pièces à l'appui.

Le soir, à l'Etablissement des Bains, le capitaine Boyton donna une conférence où, avec l'aide obligeante de M. le docteur Livois qui lui servait d'interprète, il expliqua la composition et les avantages de son appareil et raconta les péripéties de sa périlleuse traversée.

Le mardi 13 avril, par un brillant soleil printanier, au milieu de l'affluence la plus considérable qu'on ait vu rassemblée sur nos quais, M. Boyton se livra dans le port à diverses expériences dont le succès émerveilla la foule.

A tous les points de vue, ces expériences d'un appareil de flottaison étaient un événement marquant dans les annales du sauvetage. Le Comité voulut le reconnaître en décernant au capitaine Boyton une médaille d'or. Le Comité témoignait ainsi de sa haute estime pour l'énergique américain qui avait ouvert une voie nouvelle dans l'art de secourir les victimes de la mer et qui avait fait à Boulogne et à la Société Humaine l'honneur de les choisir pour patrons et témoins de ses premiers essais en France.

Le capitaine Boyton, heureux de la réception qui lui fut faite en notre ville, a depuis offert au Comité un vêtement de flottaison semblable à celui dont il était revêtu lorsqu'il traversa la Manche.

Seconde traversée du capitaine Boyton. Une seconde traversée du détroit ayant été résolue, le capitaine Boyton revint à Boulogne au mois de mai.

Le 27 mai, de concert avec la Société Humaine, il partit du pont Marguet et parcourut la longueur du port à 2 heures 57 minutes, pour de là se lancer en pleine mer, et se diriger vers le cap Grinez, sous l'escorte du pilote Méquin, à bord du *Louis Fontaine*. Vers 5 h. 1/2, il toucha terre à Andresselles et passa la nuit au hameau de Framezelle. A 3 heures précises du matin, le 28, sous l'escorte du paquebot *Prince Ernest*, affrété exprès à Folkestone, dans lequel se trouvaient M. Plimsoll et plusieurs célébrités anglaises, M. le baron de Latouche et les délégués du Comité, MM. le capitaine Knocker, de la marine royale anglaise, et M. H. Melville Merridew. M. le capitaine Boyton quitta les côtes de France pour essayer de gagner le port de Douvres. A 4 heures de l'après midi, il n'en était plus qu'à quatre milles, mais, à cause de la marée, il ne put toucher terre qu'à 3 heures du matin, près du South Foreland, dans le nord de Douvres.

M. Merridew a rédigé de cette seconde traversée un rapport très complet. Ce rapport en est l'historique le plus exact et l'appréciation la mieux motivée : c'est un document que l'on consultera avec fruit lorsqu'on voudra écrire sur l'évènement qui l'a fait naître.

Le rapport de 1875 signale combien la Société Humaine a rencontré de sympathies, combien souvent les administrations et les institutions locales l'aidèrent par un concours généreux et libéral. Les amis de la Société Humaine.

Au premier rang se trouvent le Département, la Ville de Boulogne et la Chambre de Commerce, dont les conseils lui votent chaque année les subventions et allocations que nous détaillons dans l'appendice.

Grâces à la bienveillante entremise de M. Thomas Barnard, agent principal du *South Eastern Railway Company*, cette puissante compagnie donne aussi une subvention annuelle de 250 francs.

De son côté, la Société de Bienfaisance organisa diverses fêtes charmantes en sa faveur, et, lors de la liquidation de son comité d'Assistance publique, lui destina une somme de six cents francs.

Toutes les sociétés d'agrément, qui savent donner un but charitable aux plaisirs qu'elles procurent aux familles, ont souvent eu une pensée généreuse pour l'institution humanitaire. La Société Musicale, la Fraternelle. l'Union Boulonnaise, d'autres encore lui ont assuré des ressources.

Les amis fidèles, ce sont encore les souscripteurs dont les noms se voient constamment sur les listes annuelles, ce sont les révérends ministres anglais, toujours disposés à prêter le concours de leur éloquente parole pour provoquer des collectes abondantes.

Les amis, ce sont également les collaborateurs que

l'amour de l'humanité associe à toutes les bonnes œuvres !

Un membre honoraire, qui a conquis ce titre par un concours actif, M. Charles Delahodde, doit être cité parmi eux pour les services rendus. MM. les médecins de la ville méritent de partager l'éloge, particulièrement M. le docteur H. Cazin, l'auteur de la note *sur les premiers soins à donner aux asphyxiés en attendant l'arrivée du médecin.*

Il faudrait féliciter encore MM. Bourgois, toujours prêts à s'unir au Comité dans l'œuvre des sauvetages.

L'œuvre des sauvetages ! ces mots font penser aux braves équipages de secours qui depuis cinquante années se sont dévoués pour monter les canots de la Société et les conduire vers les navires en détresse. Quels éloges ne méritent-ils pas tous ces sauveteurs intrépides !

Nous consacrons un chapitre spécial dans l'appendice aux belles actions qu'ils ont accomplies.

La liste de leurs sauvetages en dira plus que toutes nos louanges.

Les bienfaiteurs de la Société Humaine — On a vu dans les pages précédentes ce qu'a fait Sir Richard Wallace pour la Société Humaine qui s'honore de l'avoir compté parmi ses membres titulaires. Il aurait fallu ajouter que chaque année il donna le dividende des actions qu'il possède dans la *Prévoyante*. Il faudrait dire encore qu'il se préoccupa toujours des exploits de son filleul, le beau canot de sauvetage, construit à ses frais. Mais quel éloge plus beau que la simple citation de son nom, devenu synonyme de *Charité*, de ce nom que la France entière a appris à aimer à la suite des immenses libéralités qu'il a faites à l'heure de nos désastres patriotiques.

Émule de Sir Richard Wallace dans son amour pour notre ville, M. S. W. Waley, *le bon génie de Boulogne*, comme l'a nommé un de ses biographes, a rendu le plus important service à la Société Humaine en 1870. Il a aidé à combler un déficit important et, depuis lors, chaque année il envoya une souscription de plusieurs centaines de francs. La mort nous a enlevé ce généreux ami, le 30 décembre 1875. S'associant aux regrets des siens et à ceux de la ville entière, le Comité a exprimé à M⁼ᵉ S. W. Waley combien il prenait part à son deuil qui était un deuil public pour Boulogne.

Le Comité voulut plus encore : sur la proposition de M. Aug. Huguet, maire de Boulogne, et son président honoraire, il décida qu'il serait établi une table de marbre commémorative, où seraient inscrits le nom de M. Waley et ceux de tous les bienfaiteurs de la Société.

Voici la liste de ces bienfaiteurs :

MM. John LARKING, magistrat anglais, premier président et promoteur de la Société ;

Reverend A. EDGE, ministre anglais, qui a prêché le premier sermon en faveur de l'œuvre ;

A. CRUSCKHANKS, secrétaire du Comité, organisateur de la Société en société des Naufrages ;

LORD Henry SEYMOUR, pour ses libéralités ;

Louis FONTAINE, ancien président, donateur d'un legs de dix mille francs ;

Achille ADAM, vice-président ou trésorier, pendant quarante-six années, membre de la *Royal Humane Society* de Londres ;

S. W. WALEY, membre correspondant et trésorier pour l'Angleterre.

Noms à inscrire sur la table de marbre

Noms qui seront ins-
crits plus tard.

D'autres noms méritent une place d'honneur dans ce tableau, notamment ceux de SIR RICHARD WALLACE et de M. ALEXANDRE ADAM, mais notre vœu est que leur inscription se fasse attendre longtemps encore, puisque seuls les bienfaiteurs décédés doivent y figurer. En attendant, ces noms sont inscrits dans le souvenir reconnaissant, non seulement de la Société Humaine, mais de la ville entière.

La rédaction de ces pages a tenu notre âme dans l'atmosphère élevée où naissent les pensées réconfortantes. On ne peut une plus délicieuse occupation pour l'intelligence que de l'appliquer à reconstituer les actes de dévouement et les services rendus à la cause de l'humanité.

Conclusion.

Dans cette histoire, nous avons la conviction de n'avoir parcouru que les premières années d'une institution destinée à vivre des siècles. Toujours elle sera utile, donc elle aura toujours sa raison d'être et de durer.

APPENDICE

RÉSUMÉ DES OPÉRATIONS DE SAUVETAGE.

1829.— 22 octobre. Trois bateaux de pêche, n°ˢ 7, 118 et 137, échoués à la côte ; l'équipage de l'un d'eux courait les plus graves dangers, lorsque le canot de sauvetage monté par Delpierre, dit Cator, pilote, les marins Vanterquème, Pierre Vandersenne, dit Larose, et Altazin, aidés du capitaine Broquant, alla le recueillir. Le nombre des personnes secourues n'est pas indiqué dans le rapport qui en a été fait.

1833.— 31 août. Naufrage de l'*Amphitrite*. Trois matelots sont ranimés à la maison de secours par les soins empressés qu'on leur prodigue. Ils ne figurent pas non plus dans la liste des personnes sauvées par la Société.

1835.— Sauvetage de l'équipage du bateau n° 57. 15 hommes secourus par Testard, légionnaire, pilote du bateau de sauvetage avec les maîtres-pécheurs Flahutez, Méquin, tous deux décorés de médailles pour sauvetage ; les deux surveillants Pierre Demay et Louis Pourre ; Baptiste Hennuyer, gardien des feux de la jetée ; Gabriel Podevin, Auguste Altazin et Pierre Bourgain, marins.

— 29 novembre. Bisquine. Un matelot et un mousse secourus. Tous les autres avaient été enlevés en pleine mer par les lames. Noms des sauveteurs : Jean Sauvage, Antoine Huret, Biaret et Louis Demay, Pierre Demay, Louis Testard, Charles Sauvage, Marie-Pierre Battel, Louis Jennequin, J.-L. Pourre, Edouard Ramet, Victor Roques, J. Aniéré, B. Bourgain et D. Lavoisier. Les douze derniers montaient le bateau de sauvetage, les autres s'étaient rendus à la nage au secours du bâtiment naufragé.

1837. -- 23 novembre. Bateau de pêche n° 11. Sept hommes et quatre mousses secourus dans un danger imminent par le bateau de sauvetage monté par le pilote François Huret, Antoine Vanderlenne, maître du n° 74, Denis Delattre, François Paris, J.-B. Bruchet, Antoine Matringhen, Jean Boyer et Antoine Focheux « marins intrépides comme le sont tous ceux de notre port » dit le rapport.

1838.— 22 août. La *Jeune Olive*, sloop. Deux hommes et un mousse sauvés par le pilote Huret, François Wadoux, Antoine Huret et les quatre canotiers Baptiste Battez, Louis Delpierre (dit Cator), Antoine Matringhen et Eugène Tarabochia. « La » mer était tellement épouvantable, et les supplica- » tions des parents de ces marins qui les rappe- » laient à grands cris, si pressantes, qu'il y eut un » instant d'hésitation de leur part ; mais encou- » ragés par les spectateurs, par M. Pollet, lieute- » nant de port, et MM. les maîtres de quai, ils » bravèrent la mort, et revinrent au milieu des » plus vives félicitations. »

1840.— 6 août. Le prince Louis Bonaparte et ses compagnons secourus par le canot de sauvetage.

17 août. Les six canotiers du canot du *Véloce*, qui chavira en cherchant, malheureusement trop tard, à entrer dans le port à travers des lames fort violentes, furent sauvés, à l'exception du patron, par une manœuvre, faite avec beaucoup de sang-froid et de courage, par Pierre Montfort, quartier-maître de la *Reine-Amélie*, et seize hommes de son équipage.

19 septembre. L'*Oscar* de Dieppe, lougre monté par sept hommes, qui allaient être engloutis sans le dévouement de M. Gotereau, maître de quai, aidé des surveillants : Ch. Beauvois, Fournier, Pierre Beauvois, Michel, et des marins J.-M. Boyez, Louis Cator et Marc.

23 septembre. L'*Adèle*, sloop français, échoué à l'est du port, avec trois hommes d'équipage qui furent sauvés par le courageux pilote Wadoux, à l'aide du canot de sauvetage, monté par lui et les surveillants Michel, Charles et Pierre Beauvois et les marins Méquin, Wattez, Antoine Melliot, La Paix, J. Flahutez, B. Battez, Pierre Vandergem, J. Nacré et Memer. Ils parvinrent, non sans danger, jusqu'aux naufragés, et furent assez heureux pour les ramener à terre.

1841.—3 janvier. *La Jeune Marie*, brick venant de Cette, et l'*Eucharis*, trois-mâts venant de la Martinique, treize hommes d'équipage et soixante hommes pris à Cayeux. Après une première tentative infructueuse, tentée par M. Gotrot, M. Delattre-Gin, capitaine au long-cours, s'embarqua sur le canot de sauvetage en prenant des hommes frais sous ses ordres. Il parvint, non sans beaucoup de peines et d'efforts, jusqu'au trois-mâts naufragé et allait pousser au large après avoir embarqué une dizaine d'hommes, lorsque le bateau fut jeté le long du bord de l'*Eucharis* et s'y creva : Huit des hommes remontèrent à bord à la hâte et les deux autres furent ramenés à terre et déposés à la maison de secours. Environ une heure après le retour du canot, tous les hommes formant l'équipage furent débarqués sur des voitures et conduits à la maison de secours. L'équipage de la *Jeune-Marie* fut également sauvé.

21 octobre. Le *Jules et Fanny*, sloop français, échoué à l'entrée du port. Le bateau de sauvetage, commandé par le pilote Tétard, ayant sous ses ordres Méquin, Demay, Battez, Ch. Beauvois, Matuvez, Baillet, Féron, Royer et Podevin, ramène les trois hommes d'équipage.

28 octobre. Bateau de pêche n° 2, de Dunkerque, dans lequel restaient le maître et ses deux fils, sauvés dans le canot monté par Méquin, pilote, François Huret, Watez, Demay, Pierre Hénin, Delpierre dit Cator, Nicolas, Noël et Isaac Beauvois.

1842.—19 mars. Le chasse-marée l'*Ulysse*, cinq hommes d'équipage. M. Tétard, pilote, et les marins Charles Etienne et Amand Beauvois, Fourny dit La Paix, B.-A. Malfoy, G. Jutelet, C.-L. Tétard, et J. Nacré, mirent le canot de sauvetage à la mer, et malgré l'impétuosité des flots, ramenèrent tout l'équipage à terre. Quelques instants après le navire était brisé.

23 octobre. Bateau de pêche de Cayeux, n° 67, poussé à la côte sur le banc de Bas. Le canot, mal-

gré le danger, ramena en deux voyages les quinze hommes d'équipage. Les sauveteurs furent François Huret, pilote, avec les surveillants Delpierre Cator, C. Delrue, et Denis Delattre.

1843.—5 février. Le sloop *la Gazelle*, de St-Malo, échoué à l'est du port avec quatre hommes d'équipage. Sont allés à leur secours, Méquin, pilote, J.-J. Beauvois, Boyer, Germe, L. Beauvois père, et Louis, son fils, Fournier, Delattre, Tarabochia et Décroix.

14 mars. Le bateau de pêche d'Équihen, n° 27, avec cinq hommes d'équipage, chavira en face du port et disparut aussitôt. Le capitaine fut noyé, trois hommes se sauvèrent sur les débris : le quatrième fut sauvé par le pilote Wadoux.

12 octobre. Le caboteur *la Providence*, avec le capitaine et sa femme, deux hommes et un mousse : Ce navire désemparé vint faire côte à l'est. Le bateau de sauvetage fut mis à la mer et, après bien des difficultés, l'équipage et la femme du capitaine, qu'on a trouvé attachée à un mât, furent sauvés par le pilote Huret, ayant sous ses ordres : Méquin, Germe, Podevin, Malfoy, Guernon, Montador, Verdier, Mussiot, Décroix, Altazin, Docquincourt, Pierre Beauvois et Boyer.

17 octobre. *La Cérès*, échouée : Neuf hommes d'équipage, sauvés par Huret, pilote, Watel, Demay, Germe, Delattre, Battez, Rattier, Cordier, Didieux et Fournier.

1845.—10 août. Le bateau de pêche, n° 10, échoué, avec douze hommes sauvés par le capitaine Bourgain, aidé de Tétard et Antoine Huret, pilotes, Demay, aspirant-pilote, J. Hénin, Jutelet père, G. Jutelet,

Gab. Jutelet, J.-B. Siabas, Delay, Hardouin père,
et Hénin.

1846.—7 février. Le sloop, la *Joséphine*, désemparé. Le
bateau de sauvetage fut mis aussitôt à la mer, et le
pilote Méquin s'embarqua avec huit hommes ; ils
firent tous les efforts possibles pour franchir les
brisans, mais la fureur des vagues était telle qu'ils
durent revenir, exténués de fatigue. Méquin ne
resta que le temps nécessaire pour embarquer un
nouvel équipage et fit une seconde tentative sans
plus de succès. Une troisième eut lieu avec un
équipage anglais ; le bateau sortit du port, mais
en s'approchant de la *Joséphine*, il fut emporté par
le courant le long de la côte, et s'échoua sur les
rochers près du Moulin-Huret : heureusement
l'équipage put regagner la terre sans autre accident que quelques legères contusions.

Après tant d'efforts infructueux, on croyait que
toute tentative ayant pour but de porter des
secours du port devait échouer, et que le seul
moyen qui restât à essayer, était de lancer à marée
basse un fort canot de la plage. Mais parmi la
foule qui passa la nuit sur la jetée se trouvait un
homme de résolution, qui, n'écoutant que son courage et son dévouement, se décida à risquer sa vie
pour arracher ces victimes à la mort ; c'est M.
Platrier, premier écrivain au bureau de la Marine.
M. Platrier s'adressa aux marins qui avaient pris
part aux tentatives précédentes, et les nommés
L.-G. Varantergeem, Ch. Beauvois, F.-L. Ledez
et J.-P. Varec se décidèrent à s'embarquer avec
lui dans un canot-pilote ; ils sortirent du port, et,
en dirigeant le canot avec une grande habileté

sous le vent du sloop, ils réussirent à l'aborder. Deux marins encore sur le navire naufragé descendirent des haubans où ils étaient restés plus de dix heures, et furent recueillis dans le canot ; le brave Platrier et ses compagnons eurent le bonheur de conduire à terre ces pauvres malheureux qui, après tant de souffrances, auraient été bientôt engloutis dans les flots.

Sur les rapports qui leur ont été faits, les gouvernements de France et d'Angleterre ont accordé des médailles d'or à MM. Platrier et Testard, et aux quatre marins qui montaient avec eux le bateau-pilote.

10 août. Le sloop *Marguerite*, de Morlaix. 5 hommes, sauvés par les pilotes du port.

13 novembre. Le bateau de pêche, nº 84, avec 8 hommes, sauvés par un va-et-vient que sut établir le surveillant Hulot, en se rendant à la nage à son bord. Pour récompenser Hulot du courage et du dévouement dont il fit preuve, le Comité lui accorda une médaille d'argent grand module.

22 novembre. Le brick, *la bonne Aglaé*, avec 7 hommes, sauvés dans le canot, commandé par le capitaine Bourgain, maître de quai, assisté d'Ant. Huret, Honoré Fontaine, Fontaine fils, Jutelet père et fils, Jean-Denis Delpierre, Jacques Cointrel, Delattre, François Bernard, et Tarrabochia.

1847.—3 septembre. Le sloop, *la Félicité*, échouée avec quatre hommes et un mousse. Le bateau de sauvetage monté par le pilote Huret, avec Grassin, Ledez, Hulot, Demay, Rivet surveillant, J. Hénin, maître baigneur, Hardouin, P. Defrance, G. Hardouin, Gab. Jutelet, Jutelet-Guillain, P. Loiseau, et F. Germe, marins.

18 septembre. La *Jeune Adèle*, chasse-marée, avec 6 hommes, sauvés : équipage du canot : J. Hénin, baigneur, Mulot, Ledez, Grassin, Demay, surveillants, Huret, Defrance, P. Hardouin, Gab. Jutelet, Michel Hardouin, P. Loiseau, N. Germe et Guillaume Jutelet, marins.

1848.— 26 février. La *Marie*, de Bordeaux, avec huit hommes, sauvés, après deux tentatives périlleuses, par Delattre, Germe, L. F. Ledoux, P. Guernon, Loiseau, N. Germe, Ch. Loison, J. Pouilly, P Vanheckhoet, et J. Mulot, sous les ordres de M. Sauvage, maître de port, et du pilote Watel.

19 septembre. Godard, aéronaute de Paris, ayant fait une ascension avec son ballon, fut poussé par le vent vers la mer où il tomba à une demi-lieue du port. Il dut son salut à une ceinture de sûreté dont il avait été muni par le secrétaire de la Société.

17 novembre. Bateau de pêche, n° 5, avec 8 hommes et deux mousses. Sept hommes furent enlevés par un coup de mer : l'un d'eux, soutenu par une épave, alla échouer vers le Moulin-Wibert où il fut secouru. Le bateau de sauvetage alla recueillir celui qui était resté à bord.

1849.— Voir le récit dans la notice, page 50.

1850.— 20 août. Le sloop *Monte-Christo*, échoué avec six hommes et un mousse, sauvés par Huret et Tétard, pilotes, Michel, Ollivier, J. Sauvage, et J. Hénin.

1852.—16 juin. Le *Marie-Joseph*, bateau pêcheur n° 67, monté de 9 hommes d'équipage et de 2 mousses, plus le patron, talonne sur le prolongement de la jetée Est. Le bateau est poussé sur les brisans. Le canot de la Société, monté par Jean-Baptiste

Mérette, Jean-Jacques Battez, Pierre Loncle, Alexandre Olivier, Pierre-François Beauvois, Pierre Battez, Jean-Pierre Beauvois, Charles-Marie Fasse et Gournay-Tétard, sauve les douze personnes qui étaient sur ce lougre.

18 décembre. La goëlette *la Reine des Anges*, venant de Dunkerque avec chargement d'huile, fait côte sur la plage Est. *Le Richard Wallace*, monté par Antoine Huret, pilote, J. Hénin, Ch. Hardouin, M. H. Hardouin, J.-P. Hardouin, Gabriel Jutelet, Guillaume Jutelet, Nicolas Wadoux, Bernard Offray, P. N. Fournier, J.-B. Mérette fils, Antoine Lenel, J.-B. Boursal, Nicolas Germe, J.-J.-M. Malfoy, Jean Michel, J.-J. Battez, L.-J. Flahuté et N. Wattel fils, parvint, après avoir couru des dangers, à sauver l'équipage du navire naufragé, composé de cinq hommes et du capitaine Dewisme.

1853.— 30 décembre. L'*Olivier*, lougre de Boulogne, en partie désemparé, échoué sur la plage avec trois hommes d'équipage, sauvés dans le *Richard Wallace* que montaient Louis Tétard, patron, François Huret, patron, Jean Cointrel, P.-F. Beauvois, J.-B. Battez, J. Pernot, J.-J. Battez, N.-J.-B. Battez, Aug. Siabas, Ad. Mascot J.-B. Grassin, L. Ramet, J. Grassin, J.-B. Papin, J.-J. Sauvage, J.-G. Jutelet, L. Bernier, J. Drouer, et P. Pourre.

1854.—Un bateau de pêche qui avait manqué l'entrée, échoue près du fort en bois. L'équipage est secouru par le plus petit de nos canots.

1855.—12 mars. La goëlette la *Judy*, d'Exeter, chargée de rails, fait côte, avec sept hommes d'équipage, plus le pilote et ses douze hommes, ramenés en deux voyages dans le canot *George Manby*, monté, au premier voyage, par le capitaine Blondin, Laurent-Alexis Ternisien, aspirant-pilote, Blanvilain, garde maritime, Sauvage, maître baigneur, Ollivier fils, J.-J. Battez, B. Battez, Mérette, Ant. Huret, G. Mann, Laurent, Nicolas Hache et Formanoir, brigadier des douanes, et dans le second, par François Leprêtre, gardien de la maison de secours, Ternisien, Sauvage, J.-B. Watel, A. Huret, Ollivier, J.-B. Battez, Mann et Briart.

A cette occasion, le Comité a décerné deux médailles en argent à J.-J. Battez et à Laurent-Alexis Ternisien pour leur concours dans les sauvetages depuis 1841 et 1846.

1856.—25 septembre. Le longre *l'Ecliptique*, de Fécamp, échoue avec six hommes d'équipage, sauvés dans le *George Manby*, monté par J. Cointrel, patron pilote, Watel, pilote, J.-B. Cointrel, Ternisien, Louis Ribeaux, Amand-Gabriel Delpierre, J.-B.-Amant Malfoy, N. Germe, J.-J. Battez, E.-J. Franc, J.-B.-Amant Beauvois, J.-M. Hardouin, Jacques Vidal, Ad. Tarabochia, J.-M. Malfoy, F. Bernard, N. Fournier, J.-B. Bourgain et J.-B. Lennuyer.

1857.—5 janvier. Le *Ninus*, d'Hartlepool, chargé de charbon, échoue avec neuf hommes sauvés par le *George Manby* qui, après une première tentative infructueuse, recueillit l'équipage et celui du bateau pilote. Le canot de sauvetage était monté par J. Gournay, patron, J. Fournier, P. Oudart, Germe, Gab. Jutelet, J. Julien, Décroix, J.-F. Condette, Ant. Vanderlen, Huret-Tétard, L.-A. Duhamel et Georges Mann.

A l'occasion de ce naufrage, le Comité décerna deux médailles en argent : la première à Joseph Gournay, officier de la Légion-d'Honneur, et la seconde à Jean-Marie Tétard, qui fut l'année suivante décoré de la Légien d'Honneur, sur la recommandation de la Société Humaine.

Plusieurs médailles ont été décernées par le gouvernement à quelques-uns des marins qui faisaient partie de l'équipage de sauvetage, entre autre à Biharet-Fourmentin, qui avait eu deux doigts de la main gauche mutilés en abordant le navire naufragé.

20 janvier. Le cutter garde-pêche la *Marie* échoue avec sept hommes d'équipage, sauvés par le bateau de la Société.

1861.— 3 août. La bisquine *Jeune-Alice*, de Pontrieux, échoue sur l'empierrement de la jetée Est, avec sept personnes sauvées dans le *Richard Wallace*, monté par François Leprêtre, gardien de la maison de secours, Demay, pilote, Huret, aspirant, Jacques Poidevin, Grassin, Denis Poidevin et Aug. Duhamel, surveillants, Ch. Malfoy, Cahorne, J.-L. Germe, Hardouin, Pierre Hardouin. P.-F. Beauvois, Gournay, G. Mann et Parenty, baigneurs.

9 août. La goëlette anglaise *Helen*, de Weymouth, désemparée, avec quatre hommes d'équipage, sauvés par le *Richard Wallace*.

1862.—17 octobre, l'*Etoile du Nord*, bateau de pêche de Dieppe, échoue avec 5 personnes, sauvées dans le *Richard Wallace*, monté par Ternisien, pilote-patron, Demay et Méquin, pilotes, P. Harduin, J. Mérette, J.-J. Battez, A. Huret, J. Vidal, P. Malfoy, A. Tarabochia, L. Magnier, Dumont.

P. Lemaire, Th. Dumont, A. Delrue, G. Mann, P. Palette, J. Podevin et Flore Darcy.

21 décembre. Le brick anglais *Sir W. Pulteney*, d'Aberdeen, échoue avec 6 hommes, sauvés à l'aide d'un va-et-vient.

Même jour. *Les Deux Sœurs*, goëlette, échoue avec 6 hommes, sauvés dans le *Richard Wallace*, monté par Al. Olivier, gardien du phare Ouest, Delpierre, pilote, Parisis, Ribeaux, aspirant-pilote, Deconingue, C. Doyer, H. Fontaine, P. Rouget, N. Montador, C. Fourny, W. Story, G. Look, G. Robinson, V. Bourgois et H. Bourgois.

1864. — 16 avril. Bateau de pêche n° 749, que les vents S.-S.-O. avaient fait échouer au moulin Wibert ; équipage secouru.

26 novembre. Bateau n° 530, *le Jeune Cousin*, échoué, sur lequel restaient six hommes d'équipage qu'il fallut descendre l'un après l'autre dans le canot de sauvetage, tant le froid et le danger mortel qu'ils couraient les avaient glacés. Notre canot était monté par MM. Ch. Tétard, aspirant-pilote, V. Bourgois, J.-J. Battez, L.-M. Wasselin, Ant. Pincet, P. Duval, J.-J. Gournay, P. Beauvois, Eug. Goulet, Aug. Delrue, Clef, sous-patron de Douanes, Coulombez et Gadbled, préposés de Douanes, J. Laurent et Lebreton.

1865. — 25 octobre. Un va-et-vient établi entre un navire et la plage Ouest, permet de sauver l'équipage en danger d'un navire mis à la côte.

1866. — 7 janvier. La *Reine des Anges*, n° 729, du port d'Etaples, échoue. L'équipage est sauvé dans le canot que montaient MM. Huret, pilote, Méquin, pilote, J.-J. Battez, J.-B. Battez, Etienne Olivier,

C. L. Fortin, Clef, E. Boulay, Wasselin, Pichon, Olivier, L. Delpierre, Beauvois, F. Malfoy, J. Merette, Alph. Froment, Gournay-Tétard et Vidal.

11 janvier. Le brick la *Providence*, avec huit hommes, sauvés par le *Richard Wallace*, où se trouvaient Huret, Méquin, Ribeaux et Fournier, pilotes, Testard, Delpierre et J.-B. Testard, aspirants-pilotes, le capitaine et le second du bateau anglais *Percil*.

12 janvier. Le lougre *Eugène-Félix*, de Trente-moult, avec 4 hommes et un mousse à bord. Sous la direction des pilotes Ribeaux et Fournier, MM. Testard et Delpierre, aspirants-pilotes, P. Hardouin, M. Hardouin, Lamirand, Bodard-Malfoy, Bernier, François Tintillier, J. Mérette, Gence, Beauvois, Bénard, J. Delpierre, J.-B. Delpierre, Boyer, Busson et J.-B. Testard, le canot de secours parvient à sauver cet équipage.

21 septembre. Naufrage du *May Flower* (voir le récit page 59).

1867.—16 juillet. La *Jeune Aglaé*, du port de Nantes, avec sept hommes d'équipage, sauvés par le *George Manby*, que montaient MM. Méquin, pilote, Pollet, aspirant, Clef, patron des Douanes, Chaumon, B. Loncle, J.-B. Cointrel, J. Delpierre, Drouet, A. Beauvois, V. Delpierre, Bourgain, H. Loiseau, L. Beauvois et Gab. Jutelet.

1868.—27 décembre. Le brick-goëlette *l'Only-Son*, avec 7 hommes d'équipage. Trois tentatives infructueuses de sauvetages sont essayées avec le *Richard Wallace* et le *George Manby*. La violence de la mer fait chavirer ce dernier. Grâce à la ceinture dont les hommes étaient pourvus, ils purent se sauver, à l'exception du maître de port Hardy et du pilote Ribeaux qui ont payé leur dévouement de leur vie. L'équipage du navire naufragé a été délivré par un va-et-vient. Des distinctions honorifiques bien méritées ont été décernées aux survivants du canot de sauvetage, MM. Méquin et Fournier, pilotes, Bonvoisin, Loiseau, Quiminer, matelots, Cramp et Dacosta, résidents anglais, ainsi qu'au patron du *Richard Wallace*, Ach. Delpierre, au syndic des gens de mer Thébaut, et à M. Beaman, second capitaine du paquebot anglais *Léopard*.

1869.—13 septembre. Le brick français, la *Bonne-Mère*, de Nantes, échoué. Équipage sauvé.

19 octobre. Naufrage de la *Joséphina* vers 5 h. 1/2 du soir. Tentatives sans succès le soir. *L'Amiral de Rosamel* y succombe. Le lendemain matin, le *Richard Wallace*, monté par des marins du *Jérôme Napoléon* et par des marins de Boulogne, au nombre desquels se trouvaient le pilote Fournier, les deux Ledoux père et fils, le maître au cabotage Malfoy et le garde-phare Delpierre, commandés par M. Jules Sandeau, lieutenant de vaisseau, sortait du port et se dirigeait vers le navire naufragé. Impossible d'y atteindre. Ce ne fut que vers 10 heures que le *George Manby*, commandé par le patron de pêche, P. Pichon, put aborder et, avec les plus grandes précautions, recueillir les naufragés qui avaient passé les mortelles heures d'attente de secours dans les haubans de leur navire entièrement submergé.

A la suite de ces évènements et sur la proposition de M. Curet, commissaire de marine, une médaille

d'or de première classe fut décernée au pilote
Nicolas Fournier, une médaille d'or de 2° classe à
P. J. Pichon, une médaille de 1re classe en argent
à Ant. Ledoux et à Ch. Testard, une médaille de
de 2° classe à Pierre Malfoy, J. C. Malfoy, Ant.
Ledoux, et à P. M. Delpierre. Des témoignages
officiels de satisfaction furent aussi envoyés à L.
Ropitail, E. Germe, N. Delpierre, B. Abras, J. F.
Delpierre, P. Bourgain, P. Pichon et L. J. B.
Deblanc.

MM. J. Sandeau, lieutenant de vaisseau, et
Hamelin, capitaine de port, ont été également
félicités. La Société Humaine adressa l'une de
ses médailles de sauvetage à M. J. Sandeau.

1870.— 1er mars. Lougre de pêche n° 990, sauvé par le
George Manby, monté par les pilotes Pollet,
Méquin et cinq hommes d'équipage.

1er novembre. Même assistance à un trois-mâts
norwégien mouillé à l'ouest, qui avait hissé le
pavillon de détresse.

1871.— 27 septembre. L'*Espoir*, de Granville, goëlette,
avec quatre hommes d'équipage sauvés par le
Richard Wallace, dans lequel ont embarqué MM.
Denis Delpierre, J.-B. Demay, P. Demay, pilo-
tes ; Pichon, P.-F. Bourgain, A.-E. Ledoux,
A. Hardouin. J.-B. Battez, L. Pelgrain, Lacha-
pelle fils, L. Dubrœuil, Tintillier, F. Méquin fils,
P. Mascot, A. Francœur, Th. Smith, second de
la *Concordia*, et S. Absalon, matelot à bord du
Rhine.

1873.—29 août. La *Clarisse*, échouée. Six hommes, sauvés dans le *Frédéric-Sauvage*, que montaient les
pilotes Ach. Delpierre, Fournier et Pollet, les

surveillants Duhamel, Orange et Lefebvre, avec les marins Daverton et Flahutez.

28 novembre. Le lougre *Marie-Anna*, échoué. Sept hommes réfugiés dans la mâture sont sauvés dans le *Georges Manby*, monté par des hommes du *Lévrier* et cinq marins de Boulogne.

1875. — Ont été sauvés les équipages du *Charles Dickens*, de l'*Haydée* et du *Rambler*.

Liste des personnes qui ont sauvé des baigneurs en péril.

1828 Germe et Lenne, surveillants de la Société.

1829 Louis-Gabriel Wacogne, charpentier.

1840 Desiré Réveillé, peintre ; Roger-Lardé, menuisier, et Dachicourt, employé de la patache.

1831 Fournier, Vasseur et Vaneeckhoët, surveillants.

1832 Deunay, surveillant.

1834 Jean-Baptiste Lobet, surveillant.

1835 Marguet, commis de la Marine ; Huret, pilote ; Huret fils, propriétaire de bains ; Thueux, marin, et Michel, surveillant.

1836 Lucet, tambour des grenadiers.

1837 Dauvrain, soldat, et Gody, peintre.

1838 Trudin ; Plouvier, gardien de la maison ; Félix Magnier ; Charles Beauvois ; Jean-Baptiste Delpierre ; Marc-Félix Delpierre ; Bouche ; Dumonchel et Matringhen, surveillants.

1839 Janin, vérificateur des poids et mesures, se distingue par le sauvetage d'une jeune demoiselle entraînée par les flots.

1841 Fourny, surveillant.

1842 Capitan et Montcavrel, surveillants, Serre, sous-brigadier des Douanes ; C. Delrue ; Désiré Corbec ; Lobet, entrepreneur de bains.

1843 Forestier, commissionnaire de l'hôtel de Londres ; Jutelet et Cary.

1845 Hénin, baigneur ; il obtient, l'année suivante, une médaille d'argent, grand module.

1846 Magnier, ouvrier à la filature, et Wagnier, jardinier, obtiennent une médaille d'argent ; Hulot, Bonnissant, Biharet, Grenon, Grassin et Grinche, surveillants.

1847 Rivet, surveillant, mort des suites de son dévouement.

1848 Aubourg et Cousin, surveillants ; L. Tellier, voiturier, et Jean Leblond.

1849 G. Mann et Parenty, surveillants.

1850 Malfoy et Deborne, suaveillants.

1851 Ansquet et Laurent, surveillants.

1852 Leprêtre, gardien de la maison de secours ; Gournay et Jean Sauvage, baigneurs.

1853 Cator, Baheux, Louis Duhamel, et Dumont, surveillants.

1854 Aug. Duhamel, Doublecourt, Dignet, surveillants ; Hopkins, gentilhomme anglais, obtient une médaille d'argent, et Jean-Baptiste Villeneuve, canotier, une gratification.

1855 Disney, Coatanhay, Delpierre fils.

1856 Madeleine Germe, et Vve Pascal-Broquant, pêcheuses, Alph. Petit, Victor Duhamel.

1857 Nicolas Truquet, Pierre Trayant, Etienne Hache, Guill Gringore.

1857 Bernard Offroy, Ant. Vanderlen, Fourny-Leprêtre, Deléglise et Andrieux.

1859 Ch. Busson, Michel Tétart, Aug. Duval.

1860 J. Caboche, Alph. Dieu, Ach. Lamour, J. Podevin, Denis Podevin, Vasseur.

1861 Louis Ribouville.

George Mann, maître baigneur, obtient une médaille d'argent en récompensense de nombreux actes de dévouement.

1862 Huret, Pourre, Flore Darcy, Ch. Fortin, C. Pourre

1863 Wagon et Gorré, ouvriers auxiliaires sur les chemins vicinaux.

Tintillier et Brimeux.

Deconnink, marin, qui avait bravement affronté la mort pour sauver la vie de ses camarades, est victime de son dévouement.

Par délibération du 5 novembre 1863, les surveillants Busson et Vasseur obtiennent une gratification pour leur dévouement dans le sauvetage de Mlle Marescaux, retirée d'un imminent danger le 10 octobre précédent.

1864 Lachapelle, baigneur.

1865 Malfoy-Altazin, capitaine, se met à l'eau tout habillé, et, avec l'assistance des surveillants, parvient à sauver M. Hamilton fils.

Denis, surveillant, sauve M. E. Roger.

Bourgain, surveillant, se distingue aussi.

1866 et 1867 Les surveillants déjà nommés.

1869 M. Baker, officier anglais, consultant son courage et non ses forces, se jette dans le chenal pour aller au secours de M. Cousin, casseur de pierres, qui y était tombé. Il l'atteignit, parvint à le soutenir, sans pouvoir le ramener à terre. Témoin d'une situation presque désespérée, M. Reginald Hart, lieutenant aux ingénieurs royaux anglais, se mit à l'eau, et quoique blessé dans sa chûte nage vers les deux hommes et réussit les ramener.

1870 à 1875 — M. Dennistou, en voulant sauver une jeune demoiselle, allait être victime de son courage, lorsque M. le comte d'Orfengo, aidé par les surveillants, parvient à le ramener à terre.

Le Comité récompense M. Ad. Rivière, dont le concours, depuis 1848, a toujours été acquis à la Société. Une médaille lui est décernée.

Installation des Gaffes-Legrand. Voir (dans les rapports de 1871 à 1875) les secours qu'elles ont permis d'apporter, ainsi que les lignes Brunel.

LISTE DES DÉCORÉS ET MÉDAILLÉS

POUR FAITS DE SAUVETAGE.

Chevaliers de la Légion-d'Honneur

1833 Pierre Hénin.
1858 Jean-Marie Tétard.
1862 Joseph Hénin.

Médaillés par le Gouvernement

Sur la demande de la Société Humaine.

1846 Platrier, médaille d'or.
      Tétard, Jean-Marie, médaille d'or.
1854 Biharet, surveillant.
1869 Nicolas Fournier, pilote, médaille d'or de 1re classe.
      P.-J. Pichon, médaille d'or de 2me classe.
      Antoine Ledoux
      Charles Tétard. } médailles de 1re classe en argent.
      Pierre Malfoy.
      J.-C. Malfoy.
      Antoine Ledoux. } médailles de 2me classe en argent.
      P.-M. Delpierre.

Médaillés par la Société Humaine

1835 Flahutes.
      Méquin.
1846 Joseph Hénin, médaille grand module.
      Magnier, ouvrier à la filature, médaille d'argent.
      Hûlot, médaille d'argent grand module.
      Loiseau, Pierre, médaille en or.

7

Novembre 1851.	H.-H. Pace, de la marine anglaise, commandant la station des Garde-Côtes.
14 Février 1853.	Laurent, surveillant.
8 Juin 1854.	Hopkins, gentilhomme anglais.
3 Mai 1855.	Jean-Jacques Battez.
	Laurent Alexis Ternisien.
7 Janvier 1857.	Jean-Marie Testard, patron de pêche.
	Gournay, marin.
5 Septembre 1861.	Georges Mann, maître baigneur.
2 Octobre 1862.	Docteur Guerlain.
11 Décembre 1862.	François Leprêtre, gardien-chef de la Maison de Secours.
7 Janvier 1869.	Georges Bearman.
4 Novembre 1839.	Jules Sandeau.
0 Octobre 1870.	Denistown, gentilhomme anglais.
	Adolphe Rivière.
Juin 1875.	Capitaine Boyton.
	Méquin, pilote.

Sauveteurs Victimes de leur Dévouement

1847 Rivet, surveillant.
1863 Deconnink, marin.
1868 Hardy, capitaine.
      Ribeaux, pilote.

LISTE DES MEMBRES

DE LA

SOCIÉTÉ HUMAINE ET DES NAUFRAGES

de la ville de Boulogne-sur-Mer.

————

MAIRES DE LA VILLE DE BOULOGNE.—PRÉSIDENTS HONORAIRES.

MM.
1825 Jean-Pierre Vasseur.
1828 François-Marie Grandsire de Belleval.
1830 Henri-L.-P. Desseaux.
1830 Alexandre-François Adam.
1848 Constant Chauveau-Sire.
1849 Louis Fontaine.
1855 Alexandre-François Adam.
1861 Bertulphe Gosselin.
1864 Dr Eugène Livois.
1870 Désiré Henry.
1871 Auguste Huguet.

PRÉSIDENTS TITULAIRES.

1825 J. Larking, Esqre.
1836 Hartwell, Esqre,
1842 Marguet, ingénieur en chef.
1853 G. Murray, Esqre.
1857 A. Auger, commissaire de l'Inscription maritime.
1859 Duchesne,   do
1863 Louis Fontaine.
1870 Pierre Lonquéty aîné.

VICE-PRÉSIDENTS.

MM.

1855 Achille Adam.
1857 R. Disney, Esq¹e.
1858 G. Murray, Esq¹e.
1861 Rear Admiral Hathorn.
1871 Captain Robert Campbell, R.N.
1874 William Stigand, Vice-Consul de S. M. B.

SECRÉTAIRES.

1825 Rev. J. Symons.
1833 Gros, avocat.
1836 Dutertre-Delporte.
1843 A. Cruckshanks, Esq¹e.
1850 F. Delattre-Huret, capitaine au long-cours.
1863 F. Lerché.   do

TRÉSORIERS.

1825 Alexandre-François Adam.
1830 Achille Adam.
1855 P. Lonquéty aîné.
1857 Achille Adam.

ORDONNATEUR DES DÉPENSES.

1871 Alfred Delattre.

VÉRIFICATEUR DES COMPTES.

1872 H. Melville Merridew.

MEMBRES TITULAIRES DU COMITÉ.

MM.

1825 John Larking, Esqre, fondateur.

—   Revd. J. Symons, ministre de la chapelle anglaise.

—   Hartwell, Esqre.

—   Powel, Esqre.

—   Colonel Maclachlan.

· ·   Colonel Peacocke.

—   Alex. Adam, président de la Chambre de Commerce.

—   Le baron Vattier, contre-amiral en retraite.

—   Le baron L. du Blaisel.

—   Louis Fontaine, président du Tribunal de Commerce.

—   Gros, Avocat, ancien juge-de-paix de Boulogne.

1827 Campbell, Esqre.

1828 Dutertre-Delporte, commissaire-priseur.

1829 Wissocq, président du Tribunal civil.

1830 Achille Adam, président de la Chambre de Commerce.

—   J. Hensworth, Esqre.

—   Sauvage, lieutenant de port.

1832 Dessaux, président du Tribunal civil.

—   Marcotte, directeur des Douanes.

—   Pollet, lieutenant de port.

1833 Revd, T. Dickenson, chef d'institution.

1836 F. Kerr, Esqre.

—   Revd. R. J. Meade, ministre de la chapelle anglaise.

—   Marguet, ingénieur en chef du port de Boulogne.

1837 A. Cruckshanks, Esqre.

1840 Revd. George Tuffnell.

1842 Le baron de Chauvenet.

—   Tanqueray, ancien capitaine au long-cours.

—   Major-General Wilson.

1843 T. Lettsom, Esqre.

1844 Vasseur, capitaine du génie.

—   Capt. W. P. Hamilton, R. N., vice-consul de S. M. B.

1847 Fodor, commissaire de l'inscription maritime.

MM.

— F. Delattre-Huret, ancien capitaine au long-cours.
— Robert Sauvage, propriétaire.
1848 Sir Charles M. Rich, Baronet.
1849 H. Whittaker, Esqre.
— Richard Wallace, Esqre.
1850 G. Murray, Esqre.
— E. Disney, Esqre.
— S. M. Whyte, Esqre.
— Blondin, capitaine de port.
1852 Capt. G. A. Drummond, H. E. I. C. S.
1853 P. Lonquéty aîné, juge au Tribunal de commerce.
— Philip Gardner, Esqre.
— Voisin, ingénieur des Ponts-et-Chaussées.
1856 Auger, commissaire de l'Inscription maritime.
— J. Carnegy de Balinhard, Esqre.
1858 C. J. Hale, Esqre.
1859 Duchesne, commissaire de l'Inscription maritime.
— Mark Seton Synnot, Esqre., J. P.
— S. M. Hamilton, Esqre, C. S. I.
1860 Rear Admiral Hathorn.
1861 Major Stevenson.
— Charles J. H. Mundy, Esqre.
1862 Groves Grady, Esqre.
1863 F. Larché, capitaine au long-cours.
1864 Portier, commissaire de l'inscription maritime.
— G. Lake, Brooks, Esqre.
— W. Hughes Hughes, Esqre.
1865 Lieut.-Col. Hon. R. F. Handcock.
1866 Ouret, commissaire de l'inscription maritime.
— John Hill, Esqre.
1868 Capt. Hunter.
— Capt. R. Campbell, R. N.
1869 Capt. G. Kerr, R. N.
1870 De Lédinghen, membre du Conseil Municipal.
— Hamelin, capitaine de port.

MM.
- — Alfred Delattre.
- 1871 Capt. F. Webster-Wedderburne.
- — H. Melville Merridew.
- — Léon Lesage.
- — Capt. Hayes Sadler, vice-consul de S. M. B.
- — Lefort, lieutenant de port, chef du service du port.
- — George Stone, Esqre.
- 1872 Achille Adam-Fontaine, député.
- 1873 William Stigand, vice-consul de S. M. B.
- 1874 Captain Knocker, R. N.
- — J. G. Clements, Esqre.

BIENFAITEURS DE L'ŒUVRE DÉCÉDÉS.

MM. John Larking, ancien magistrat anglais, fondateur.
Rev. A. Edge, ministre anglican.
A. Cruckshanks, Esq., ancien secrétaire.
Lord Henry Seymour.
Louis Fontaine, ancien président.
Achille Adam, ancien vice-président et trésorier.
Simon W. Waley, Esq., membre honoraire.

MEMBRES HONORAIRES.

- 1830 Colonel Maclachlan.
- — Marcotte, directeur des Douanes.
- — Michelin, sous-commissaire de Marine.
- — Le baron Vattier, contre-amiral en retraite.
- 1832 Fontaine père, ancien député.
- — Hawes, Esqre, trésorier de la Société Humaine de Londres.
- — L'amiral de Rigny, ministre de la Marine, député de l'arrondissement.
- — Le maréchal Soult, ministre de la guerre.
- 1833 Brent, membre de la Société Royale des Naufragés de Londres.

MM.

— Marguet, ingénieur en chef des Ponts-et-Chaussées.
— Admiral Sir Sidney Smith.
— Le Rev. J. Symons, ancien membre du Comité et son secrétaire.
1835 De Monges, capitaine de vaisseau.
— Le comte Godde de Liancourt, secrétaire de la Société Générale des Naufrages à Paris.
1836 Dessaux, président du Tribunal Civil.
— J. Larking, Esq , premier président du Comité
1838 Le vice-amiral de Rosamel.
1840 Castéra, agent général de la Société Générale des Naufrages à Paris.
F. Delessert, député de l'arrondissement de Boulogne.
1842 Hartwell, ancien président de la Société.
1843 Baron de Chauvenet, commandant du Génie.
— Baron de Blaisel.
1846 Dutertre-Delporte, adjoint au maire.
— Sauvage père, ancien lieutenant de port.
1848 Docteur Guerlain.
— Al. Adam, ancien maire de Boulogne.
— Blondin, capitaine de port.
1849 Tanqueray.
— Lord Henry Seymour.
— G. Goff, Esqre.
— Arthur Fisher Thompson, Esqre.
— Captain George W. Manby.
— Rev. James Bewsher.
— Rev. Thomas Harvey.
— Rev. K. Groves.
— Rev. C. J. Furlong.
— Rev. George Brooks.
— Lecerf aîné.
1850 Vasseur, capitaine du Génie.
— Marquis of Hertford.
— Le comte de Rossi.

MM.

—	Sir Charles M. Rich. Bart.
1851	E. H. Peace, lieutenant R. N.
1852	Rev. J. T. Langford.
1853	Major-General Wilson.
1854	Fodor, commissaire de Marine en retraite.
1855	Louis Fontaine, ancien maire de Boulogne.
—	Menche de Loisne, sous-préfet de l'arrondissement.
1857	D'Hérembault, député.
—	E. Disney, Esqre.
1858	Auger, inspecteur de l'Inscription maritime, ancien président.
—	Richard Wallace, Esqre.
—	Capt. W. Hamilton, R. N., consul Britannique dans la Charente.
—	Rev. W. G. Hawtayne.
1860	G. Murray, Esqre, ancien président de la Société.
1863	Rev. T. M. Marker
—	Duchenne, commissaire de la Marine, ancien président
—	Delattre, capitaine au long-cours, ancien secrétaire.
—	Groves-Grady, Esqre.
1867	W. Hughes-Hughes, Esqre.
—	Le contre-amiral de Rosamel.
1869	Colonel Sir James Alexander.
—	S. W. Waley Esqre.
1870	Sir W. Walker, of the Board of Trade.
—	Rear Admiral Hathorn, ancien vice-président.
1872	Charles Delahodde.
1873	Capt. F. Webster Wedderburne.
1874	Capt. Robert Campbell, R. N.
1875	Paul Boyton.

PRÉDICATEURS DE LA SOCIÉTÉ.

Rev. A. A. Edge, 1825.
» George Doilt, 1829.
» George Brooks, 1845, 1856, 1857.
» J. Bewsher, 1845-47-48-50-54-56-61-63.
» C. J. Furlong, 1845-48-50-52-53-54-55-57–58-60-62-63.
» K. Groves, 1845-46-47-50-52-53-54-55-56-58-60-62-63.
» R. Burgess, 1851, 1856.
» J. Herbert, 1852.
» J. T. Langford, 1852, 1853, 1854, 1855.
» Dean of Ossory, 1855.
» W. G. Hawtayne, 1856, 1858.
» Matthew Gibson, 1857.
» T. M. Marker, 1858, 1861, 1862, 1863.
» J. Mallory, 1863.
» J. Gaskin, 1868, 1871.
» C. H. H. Wright, 1871.
» R. Blathwayt, 1873, 1874.
» H. M. Turton, 1873, 1874.

RELEVÉ DES PERSONNES SAUVÉES OU SECOURUES PAR LA SOCIÉTÉ HUMAINE DE BOULOGNE

De 1826 à 1875.

ANNÉES.	Asphyxiés qui ont été rappelés à la vie.	Personnes secourues.	Personnes retirées du port ou du bassin et sauvées au moyen des	
			Gaffes Legrand.	Lignes Brunel.
1826 à 1833	7	26	»	»
1834	2	2	»	»
1835	1	11	»	»
1836	1	2	»	»
1837	1	11	»	»
1838	1	6	»	»
1839	1	7	»	»
1840	1	2	»	»
1841	»	13	»	»
1842	1	25	»	»
1843	»	18	»	»
1844	3	4	»	»
1845	"	57	»	»
1846	4	30	»	»
1847	2	25	»	»
1848	»	42	»	»
1849	»	23	»	»
1850	»	58	»	»
1851	1	20	»	»
1852	»	43	»	»
1853	»	36	»	»
1854	»	41	»	»
1855	»	64	»	»
1856	»	65	»	»
1857	1	69	»	»
1858	»	52	»	»
1859	»	50	»	»
1860	»	14	»	»
1861	2	42	»	»
1862	1	36	»	»
1863	2	25	»	»
1864	1	28	»	»
1865	»	13	»	»
1866	1	40	»	»
1867	»	11	»	»
1868	»	29	»	»
1869	»	46	1	»
1870	»	15	1	»
1871	1	39	2	»
1872	»	54	4	»
1873	»	51	9	»
1874	»	29	4	4
1875	»	71	2	4
	35	1345	23	8

Total . . . 1411

RÉSUMÉ
DES SUBVENTIONS, SOUSCRIPTIONS ET DONS FAITS A LA SOCIÉTÉ HUMAINE.

ANNÉES	SOUSCRIPTIONS PUBLIQUES	SUBVENTIONS et allocations de la ville de Boulogne	SUBVENTIONS et allocation du département	COLLECTES recueillies dans les Chapelles Anglaises	SOUSCRIPTION du ministre des affaires étrangères de Belgique	SOUSCRIPTION de la Cie du South Eastern Railway & General Steam Navigation Cy.	SUBVENTION de la Chambre de Commerce	DONS SPÉCIAUX ET LEGS
1825	1.153 »	»	»	»	»	»	»	1825.—206 fr. Concert de la Société Philharmonique.
1826	2.854 »	»	»	1.552 35	»	»	»	
1827	1.593 »	»	»	»	»	»	»	1830. 100 fr. Don du Roi de Wurtemberg.
1828	1.755 85	500	»	»	»	»	»	1834.—Don de l'Amiral de Rosamel, par le Ministre,
1829	1.759 »	500	»	647 85	»	»	»	et don de 300 fr. par M. Brent.
1830	1.706 »	800	»	»	»	»	»	1836.—1,147 fr. reçus de divers.
1831	1.524 »	500	»	»	»	»	»	
1832	1.268 50	500	»	»	»	»	»	1839.—600 fr. par M. Thompson.
1833	1.436 »	500	»	»	»	»	»	1840.—100 fr. Don du Roi Louis-Philippe.
1834	1.624 50	500	»	»	»	»	»	1844.—200 fr. Don du Ministre de la Marine.
1835	1.558 50	500	»	»	»	»	»	1849.—Don du Richard Wallace, par Sir Richard Wal-
1836	1.561 »	1.000	»	500	»	»	»	lace, et don de 1,886 fr. 80 c. par Lord
1837	1.584 »	1.000	»	500	»	»	»	Seymour, etc.
1838	1.734 »	1.000	»	500	»	»	»	1850.—Don du George Manby, par la ville de Boulogne,
1839	1.548 »	1.000	»	500	»	»	»	et don de £29 par M. G. Manby.
1840	1.566 75	1.000	»	500	»	»	»	
1841	1.349 50	1.000	»	500	»	»	»	
1842	1.585 »	1.000	»	500	»	»	»	»	1851.—350 fr. 50 c. par les Sapeurs-Pompiers et la
1843	1.825 85	2.284 75	»	500	»	»	»	»	Concorde.
1844	2.272 60	4.000	»	500	»	50	253 50	»	1852.—591 fr. 15 c. par la Fraternité, la Société des
1845	2.001 80	4.000	»	500	1.365 50	50	»	»	Régates et M. Thompson.
1846	1.810 25	4.000	»	500	1.181 20	50	»	»	1853.—234 fr. par la Fraternité.
1847	1.708 20	1.000	»	2.500	805 15	50	»	»	1856.—420 fr. Don des héritiers Stephens et produit
1848	1.497 50	1.000	»	500	595 60	50	»	»	d'une soirée au théâtre.
1849	3.667 15	1.000	»	500	»	50	»	»	1857.—3,500 fr. Don de Napoléon III.
1850	3.362 40	1.000	»	600	1.235 85	50	»	»	1865.—1,000 fr. Don de Napoléon III.
1851	2.063 50	1.500	»	600	165 65	50	»	»	1866.—1,741 fr. Don du Ministre de la Marine.
1852	2.067 95	1.575 30	»	600	1.029 40	50	»	»	1867.— 500 fr. Don de Napoléon III.
1853	2.888 18	1.500	»	600	729 60	50	»	»	1869.—10,000 fr. Legs de M. Louis Fontaine.
1854	2.449 65	1.500	»	600	1.206 55	50	»	»	1870.—6,910 fr. de la Ville, de la Chambre de Com-
1855	2.318 05	1.500	»	600	1.146 »	50	»	»	merce, des Sociétés locales, etc., 1,000 fr.
1856	1.773 75	1.900	»	600	1.110 80	50	125 25	»	Don de Napoléon III, — 706 fr. de M. S.
1857	1.410 »	1.500	»	600	472 50	50	131 25	»	W. Waley.
1858	1.475 50	1.500	»	600	1.176 55	50	»	»	1871.—685 fr. 50 c. de Sir Richard Wallace, S. W.
1859	1.346 75	1.500	»	600	»	50	»	»	Waley, etc.
1860	1.356 75	1.500	»	600	497 85	50	»	»	1872.—1,000 fr. Legs de M. Achille Adam et 1,080 fr.
1861	1.403 20	1.500	»	600	705 45	50	»	»	de Sir Richard Wallace, etc.
1862	1.094 70	1.500	»	600	591 80	50	»	»	1873.—994 fr. 90 c. de Sir Richard Wallace, Société
1863	1.663 95	1.500	»	600	1.227 10	50	»	»	de Bienfaisance, etc
1864	1.417 50	1.500	»	600	394 50	50	»	»	1874.—1,442 fr. 90 c. de Sir Richard Wallace, S. W.
1865	952 50	3.500	»	600	845 95	50	»	»	Waley, etc.
1866	1.080 85	1.500	»	600	»	50	»	2000	1875.—1,000 fr. de Mme Bergonzi, et 986 fr., don de
1867	1.948 00	2.000	»	600	601 75	50	»	»	la Société de Bienfaisance, de Sir Richard
1868	1.518 70	2.000	»	600	607 50	50	»	»	Wallace, etc.
1869	1.645 90	2.000	»	800	»	50	250	»	
1870	1.451 30	2.000	»	800	»	50	»	500	
1871	2.433 95	3.500	»	800	93 10	50	»	500	
1872	2.691 80	3.500	»	800	»	50	»	1000	
1873	2.622 70	3.500	»	800	250 »	50	»	500	
1874	3.040 40	3.500	»	800	463 88	50	250	500	
1875	3.362 20	3.500	»	800	»	50	250 50	500	

TABLE DES MATIÈRES.

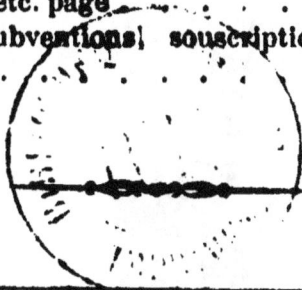

www.ingramcontent.com/pod-product-compliance
Lightning Source LLC
Chambersburg PA
CBHW052045270326
41931CB00012B/2641